超筋トレが最強のソリューションである

筋肉が人生を変える超科学的な理由

Testosterone

認定ストレングス&
コンディショニングスペシャリスト
久保孝史

文響社

はじめに

おう。お疲れ。俺だ。Testosteroneだ。いきなりだが俺を知らない人のために軽く自己紹介させてくれ。俺は筋トレが世の中の問題のほとんどを解決すると信じ、書籍やＳＮＳなどで発信を続けているTestosteroneという者だ。

筋トレを広める活動を始めたきっかけは自分自身の強烈な体験にある。高校1年生の時、僕は体重１１０kgの何のとりえもない肥満児だった。しかし、留学先のアメリカで筋トレに出会うと人生が１８０度変わっていった。40kg近いダイエットに成功しただけではない。怠惰だった自分は贅肉とともに消え去り、代わりに心身の健康や目標を達成する力、闘争心、自尊心といった生きていく上で大事な力が筋肉とともに体に備わっていった。筋トレで成果を出すために必要な正しい食事の知識や十分な睡眠、ハードなトレーニングを継続するための規律ある生活といったさまざまなエッセンスが、僕に翼を授けてくれたのだ。

帰国後、日本には圧倒的に筋トレが足りていないと気付いた僕は、筋トレの持つ素晴らしい効能をたくさんの人とシェアしたいと思い、Twitterを始めた。それがきっかけで著書も手掛けるようになり、処女作である『筋トレが最強のソリューションである　マッチョ社長が教える究極の悩み解決法』（ユーキャン）は累計13万部を超えるベストセラーとなった。２０１４年９月６日に開始したTwitterのフォロワー数は、3年半で45万人を突破した。「筋トレを始めたら本当に人生が変わりました」「ジムに行き始めてから毎日が楽しいです」。そんなうれしい声が次々に届き、筋トレは人生を変える、という僕の確信はさらに強まっていくばかりだ。でも、こんなんじゃまだまだ足りない。もっともっと多くの人に筋トレの価値を知ってもらわなければいけない。筋トレの良さを伝え、人々の人生を幸福にすることこそが僕の使命である。

そこで、本書では伝え方を工夫することにした。前作『筋トレが最強のソリューションである』や僕のTwitterでは筋トレの効能を、面白く、わかりやすく伝えることを心がけてきた。本作ではそれに加え、「なぜ、筋トレをするべきなのか」という命題に対し、科学的エビデンスを用いた理論的な説明を試みている。「精神論だけじゃ一歩を踏み出せない」というタイプの人も「本当に筋トレって効果あるの？」と懐疑的な人もきっと納得できる内容になっているし、すでに筋トレを始め、その効果を体感じている人も、科学的裏付けを知ることでさらに前向きにトレーニングに取り組めるはずだ。

理論部分の説明は早稲田大学大学院スポーツ科学研究科博士課程で最新のスポーツ科学を研究している久保孝史君に協力をお願いした。久保君は認定ストレングス&コンディショニングスペシャリストとして日本代表選手をはじめとするトップアスリートの指導にもあたっている優秀なトレーナーでもある。今回、久保君にはトレーニング理論やスポーツ科学、運動生理学などについて世界各国で日々進んでいる研究論文のリサーチを依頼し、筋トレが僕らに与えてくれる恩恵についての科学的根拠やメカニズムに関して、わかりやすい言葉で解説してもらった。久保君は曖昧な情報や研究方法自体に問題がありそうな文献には片っ端からNGを出すバリバリの研究者なので、この本に載っているエビデンスは信頼してもらっていい。

もう一つ、本書の目玉と言えるのが「筋トレに取り組むことによって実際に人生を切り開いた」人たちの実話を基に構成したルポ漫画だ。先天性の色覚障害で警察官の夢を断たれた青年や、周りの目が気になって学校になじめず、保健室に登校していた看護学生、弱気で自分のボールに自信が持てなかった野球選手、完璧主義と極度の強迫神経症で腕の震えが止まらなかった医学部受験生…。さまざまな困難に立ち向かった方々に僕自身が実際にインタビューし、その体験を聞かせていただいた。勇気を持って行動し、筋トレをきっかけに運命を切り開いた彼らのストーリーは見る者に感動を与える。インタビュー中はバレないようにうまく隠したつもりだが、僕は平均して1インタビューにつき3回ぐらい泣いていた（笑）。彼らの物語はもしかしたら科学的エビデンス以上に「筋トレをする意義」を教えてくれるかもしれない。

筋トレが持つ計り知れない効能を日本国民に広め、日本を根底から良くすることが僕の究極の目標だ。僕自身もこの本の制作過程を通し、筋トレが持つ恐ろしいほどのポテンシャルを再確認した。自分が好きになれない、仕事に向かうファイトが出ない、自信がなくて挑戦ができない、体力が落ちてきた、常にネガティブになってしまう…。そういった問題は筋トレを始めることによって、ほぼ確実に解決する。筋トレ人口が一人でも増えれば、それだけ幸福人口が増える。僕にそれぐらいの信念を持って筋トレの啓蒙を続けている。

信じろ。筋トレは最強のソリューションだ。

CONTENTS

第1章 「死にたくなったら筋トレ」が真実である理由

CONTENTS

第2章

筋トレは最強のアンチエイジングである

第3章　モテたかったら筋トレしかない

CONTENTS

第4章
仕事ができる人はなぜ筋トレをしているのか

第5章
ダイエッターこそ筋トレすべき本当の理由

CONTENTS

第6章 長生きしたけりゃ筋トレをしなさい

第7章 筋トレに関する誤解と偏見を解消する

第8章 自信がない人は筋トレをしろ

CONTENTS

第1章
「死にたくなったら筋トレ」が真実である理由

死にてえって思ったら
筋肉を殺そう

死にてえって思ってるそこの君！　自殺する前に筋トレで筋肉を殺そう！　筋トレは筋肉を殺す気で追い込み**「今のままでは死ぬ」**と思わせる事で筋肉を成長させる行為です！　**筋トレは自殺未遂に近い**です！　しかも筋肉は3日後には強くなって蘇ります！　性格も強気になり「死にてえ」から「殺すぞ」に変わります！

悩みや心配は筋トレで返り討ちにする

悩むな。悩んで解決する問題などほとんど無い。心配するな。心配ってのはまだ起きてもいない問題を頭の中で創り出しストレスを感じる無駄な行為だ。**人間はじっとしてると悩みや心配が止められない生き物だ。**悩みや心配が襲って来たら筋トレで返り討ちにしろ。筋トレすれば悩んだり心配したりする余裕など消える。

自分の事を好きに ならなければいけない理由

自分の事が嫌いな人は他の何を差し置いてでも自分を好きになる努力をしろ。

嫌な上司や親からはその気になれば逃げられる。だが自分からは絶対に逃げられない。避けては通れない問題だ。自分嫌いだと他のすべてが完璧でも幸せになれない。逆に自分の事が好きなら他がダメでもそこそこ幸せに生きられる。

手首の代わりに筋繊維をカットしろ

手首切るぐらいなら筋トレして筋繊維切れ！　傷の代わりに筋肉が増えるし、筋肉痛で生きてる実感を得られるし、リストカットが病みつきになってしまう原因の一つであるセロトニン分泌も筋トレで促進できるし**「何目指してるの？　大丈夫？」と人々に心配して構ってもらえるし**、ダンベルという親友もできて死角がない。

金や人よりも筋肉を信じる者は救われる

金も人間も裏切る。その点筋肉は良い。筋肉が一夜にして消滅する事なんてないし、仮に10年筋トレを怠り筋肉が激減してもマッスルメモリーにより筋肉は短期間で復活する。**あなたが筋トレをやめ筋肉を裏切ってても筋肉は「あたしあなたを待ってるわ」と健気にずっと待っていてくれるのだ。**

筋肉はズッ友。

自尊心と筋肉は兄弟のようなもの

筋トレは筋肉と一緒に自尊心も育てる。

「挙がらなかった重量が挙がった」「腹筋が見えてきた」等の超わかりやすい成長で自尊心は当然高まるし、それに加えて「最近痩せた？」「良い体してるね」と他人から褒められれば倍速で自尊心は高まっていく。

自尊心は幸せな人生を送るのに不可欠。

筋トレするのだ。

他人の批判に耳を傾けてはいけないワケ

他人から批判される↓自己評価低下↓自分で自分の限界を決めつける↓挑戦しないので成長しない↓自分嫌い↓自尊心崩壊↓人生つまらん↓不平不満愚痴↓ネガティブな人が周囲に集まる↓人生に希望が見出せない

という地獄のループにハマるので**他人に何言われても自分はすごい自分には価値があると信じろ。**

生涯絶対に あなたを裏切らない二人

生涯でただ一人いつも君に寄り添ってくれて、優しくしてくれて、絶対に裏切らない人がいる。それはあなた自身だ。自分に厳しくあり過ぎるな。「自分なんて」とか自分を卑下する発言をするな。自分だけは自分のこと好きでいてやれ。**ちなみに、ダンベルもいつも君に寄り添ってくれて、優しくしてくれて、絶対に裏切らない。**

メンがヘラってるときに効く7つの行動

メンタルがヘラり気味なそこの君！
① 定時に就寝起床 ② 7時間睡眠 ③ 起床後太陽光を浴びる ④ 一日三食定時に食べる ⑤ 就寝2時間前から強い光、スマホ、PC禁止 ⑥ 運動**（筋トレがオススメ）**⑦ 話す**（俺はよくダンベルや筋肉に話し掛けてる）**これでホルモンバランスと自律神経が整ってメンタルが超回復します！

執筆者紹介

Testosterone

1988年生まれ。学生時代は110kgに達する肥満児だったが、米国留学中に筋トレと出会い、40kg近いダイエットに成功する。大学時代に打ち込んだ総合格闘技ではトッププロ選手と生活をともにし、トレーニングとスポーツ栄養学の基礎と重要性を学ぶ。筋トレと正しい栄養学の知識を日本に普及させることをライフワークとしており、無料のダイエットサイト「DIET GENIUS」アスリート向けトレーニングメディア「STRONG GENIUS」を主宰している。

久保孝史（くぼ たかふみ）

スポーツ科学研究者。早稲田大学大学院スポーツ科学研究科博士後期課程に在学中。専門分野はトレーニング科学。主にトレーニング動作の運動力学的特徴について研究している。研究生活と並行し、S&Cコーチとして大学バスケットボール部やパワーリフティング選手などのトレーニング指導にあたる。Testosteroneの「少しでも多くの人に筋トレの価値を広めたい」という理念に賛同し、本企画に参加。

Q

「死にたくなったら筋トレ」は効果がある？

A

筋トレによって
メンタルヘルスは向上する

——久保さん、心が落ち込んでいる人が筋トレをするとどんな効果があるのでしょう？

精神面の健康、つまりメンタルヘルスが不調をきたすと、焦燥感や不安感に襲われたり、自己肯定感が低下したりといった症状が現れます。深刻な精神疾患の場合以外でも、こうした症状が重なって「死にたい」という感情にまで高まってしまうことがあります。個々の焦燥感や不安感の元となるストレッサーを取り除くことができれば一番良いのですが、それは簡単なことではありません。ただ、**筋力トレーニングには、メンタルヘルスを向上させる働きがあることが、多くの科学的研究によって裏付けられている**のです。

——筋トレでメンタルが上向きになるというのは本当だったんですね！

はい、筋トレはメンタルヘルスに悪影響を与える可能性が高い「**焦燥感**」「**不安感**」「**慢性疼痛**」「**認知機能**」「**睡眠の質の低下**」「**自尊心の低下**」などについてポジティブに働くという多くの研究があるんです。

——どんなメカニズムなのでしょうか？

まだはっきりと学説が固まっているわけではありませんが、筋トレをすることによって分泌されるテストステロンやセロトニンといったホルモンが関与している可能性があると言われています。

つまり、筋トレをすれば世界が平和になりもう筋トレはとてつもなく素晴らしいということだな？ **知ってた。** よし、次のトピック行こう。

焦らないでください（笑）。まず、焦燥感に関する研究から説明します。２０１０年に米国のO'Connorが発表した総説論文（※それまでに発表された研究をまとめたり、要約したりしたもの）によると、多くの研究で**筋トレをすることによって、寝不足や不健康から誘発される焦燥感が改善される可能性がある、**とされています。筋トレをすることによって寝不足や健康の不安が解消されるため、結果として焦燥感を減らすことにつながるわけです。

筋トレと一言っても、筋肉ちゃんを育てるのに必要な三大要素は**筋トレ×食事管理×睡眠**ってのがカギと言えそうだな。筋肉が欲しい一心で食事と睡眠にも気を使い生活

筋トレによって分泌される代表的なホルモンとその効能 ※諸説あり

テストステロン

- 骨や筋肉の強度の維持
- 動脈硬化やメタボリックシンドロームの予防
- やる気や闘争心の向上　など

セロトニン

- 心を落ち着かせる、安定させる
- 脳を最適な覚醒状態にする
- 痛みの調整をする　など

※多くの働きから「幸せホルモン」と呼ばれることも

ドーパミン・βエンドルフィン・ノルアドレナリン

- 多幸感や気分の高揚、興奮など

習慣が整う。十分な栄養と睡眠が確保できれば、嫌でも健康になっていく。あ、サラダ**チキン食べる時間だ！**

それから、自分の限界に近い重さを用いるより、ある程度回数をこなせる**ちょうどいい重さのトレーニングのほうが焦燥感を取り除く効果が高い**という興味深い結果も出ています。日本国内でTsutsumiら（1998）が行った研究によると、高重量（80％1RM　※1回持ち上げるのが限界、という重さの80％という意味。50kgを1回持ち上げられる人なら40kgが該当する）ではなく、中重量（50—60％1RM　※50kgを1回持ち上げられる人なら25～30kg）の方が焦燥感の軽減に関しては効果的だったそうです。

先生、高重量を扱わないと筋肉が小さくなっていく気がして、女の子にモテない気がして**焦燥感が止まらない**んですけどどうすればいいですか？

少し黙っていてください。話を続けます。そもそも20年以上前から日本国内で筋トレと焦燥感の関連についての研究が行われていたとは驚きですよね。逆にSinghら（2005）の研究では、低重量よりも高重量でトレーニングしたときのほうが、**睡眠の質**

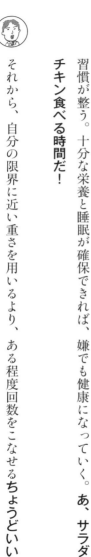

が向上することもわかっています。

必死で筋トレしてグッスリ眠る。これ以上のストレス解消法はないな。

睡眠の質が悪いとメンタルヘルスに不調をきたす可能性が高まりますし、いわゆる不眠症（睡眠時間が6時間未満）は肥満を招きやすいとも言われています。

筋トレも大切だけど、「病み気味だな」「気分が上がらないな」ってときはまずはガッツリ眠ることが大切と言えそうだね。眠れない人は、高重量でスクワットすれば眠りの質が上がるから完璧だね。**また筋トレがこの世の問題を一つ解決してしまったね。**

ちなみに、Broocksら（1998）の研究では、ウォーキングやジョギングなどの有酸素運動でも焦燥感を取り除けることがわかっています。

筋トレをする気力がないから困っているんだよ！という人はウォーキングや軽いジョギングから始めてみるといい。まずは動き出すこと、運動の習慣をつ

けることが大切だ。

――不安感についてはどうでしょうか？

必ずしもそうではない、という意見もありますが、焦燥感と同じように多くの研究で不安感を取り除くという結果が出ています。Ohiraら（2006）の調査では筋トレそのものではなく、身体組成の変化などを通じてQOLが向上することを示唆していますし、Hakkinenら（2001）の研究では線維筋痛症（リウマチ性疾患）の患者に筋トレが効果を発揮したそうです。

科学的エビデンスがあるものについても万人に効果があるというわけではない。**逆にまだ科学的に調査結果が固まっていないからといってそうした効果がない、と断定できるものでもない。**個人差があることを踏まえて、自分にあった筋トレの活用法を見つけていってほしいところだ。**俺？　筋トレはこの世の問題の99％を解決できると思ってる。**

慢性疼痛《まんせいとうつう》といって、「長期間（概ね３か月ぐらい）痛みが持続する状態」もメンタルヘルスに深刻な影響を及ぼすケースが多くあります。慢性疼痛を引き起こす要因には腰痛、関節炎、線維筋痛症などがあります。Haydenら（２００５）は筋トレは体の機能改善をしてくれるため、腰痛の改善や予防には効果的だとしています。米国リウマチ学会もリウマチ性疾患に対するアプローチとして筋トレを推奨しています。

筋トレが腰痛や関節痛に良いってのは意外だったんじゃないだろうか？　筋トレしたら逆に悪化しそうなイメージがあるよね。腰痛や関節痛で悩んでいる人は勇気を出して筋トレしてみるといいだろう。もちろん無理せず、専門家のアドバイスを聞きながらだ。この場合の専門家とは、ジムにいるパーソナルトレーナーさんではなく、かかりつけの医者や理学療法士さんにあたってみることをお勧めする。筋トレで健康な身体を取り戻そう。**身体が不調だと気分も上がらないだろう？**「健全なる精神は健全なる身体に宿る」、慢性的な痛みが消えるだけでも人生は一気に楽しくなるぞ。

それから心理学的に「自己に対する肯定的な態度」と定義されることの多い「自尊心」についても筋トレはすごい効果を発揮します。なんと、**スポーツ科学や心理学の分野に**

おける113本の論文で「筋トレは自尊心を保つ、もしくは高めること」が報告されているのです。

今までに1万回ぐらい言っているが、**「自分を好きになれる」というのは筋トレの一番大きな効果**と言っていい。科学的根拠とか抜きにロジックで考えて、必死で努力して、自己管理して、理想の体型を手に入れて、挙がらなかったバーベル挙げて、自慢の大胸筋、誰もが息をのむプリケツを毎朝起きるたびに鏡で眺められたら**自分のことを好きにならないわけがなくない？** 僕自身も筋トレによって40kg近いダイエットに成功したことが大きな自信になった。今も仕事やプライベートで落ち込むことがあったら、筋トレをして筋肉を確かめ「自分大好き♡」という感情を取り戻すようにしている。

※編集部注　筋トレにはうつ状態の予防や改善に一定の効果がある、という研究がありますが「うつ病を治す」ことは証明されていません。精神疾患の疑いがある場合は必ず心療内科を受診してください。

実録漫画
CASE1

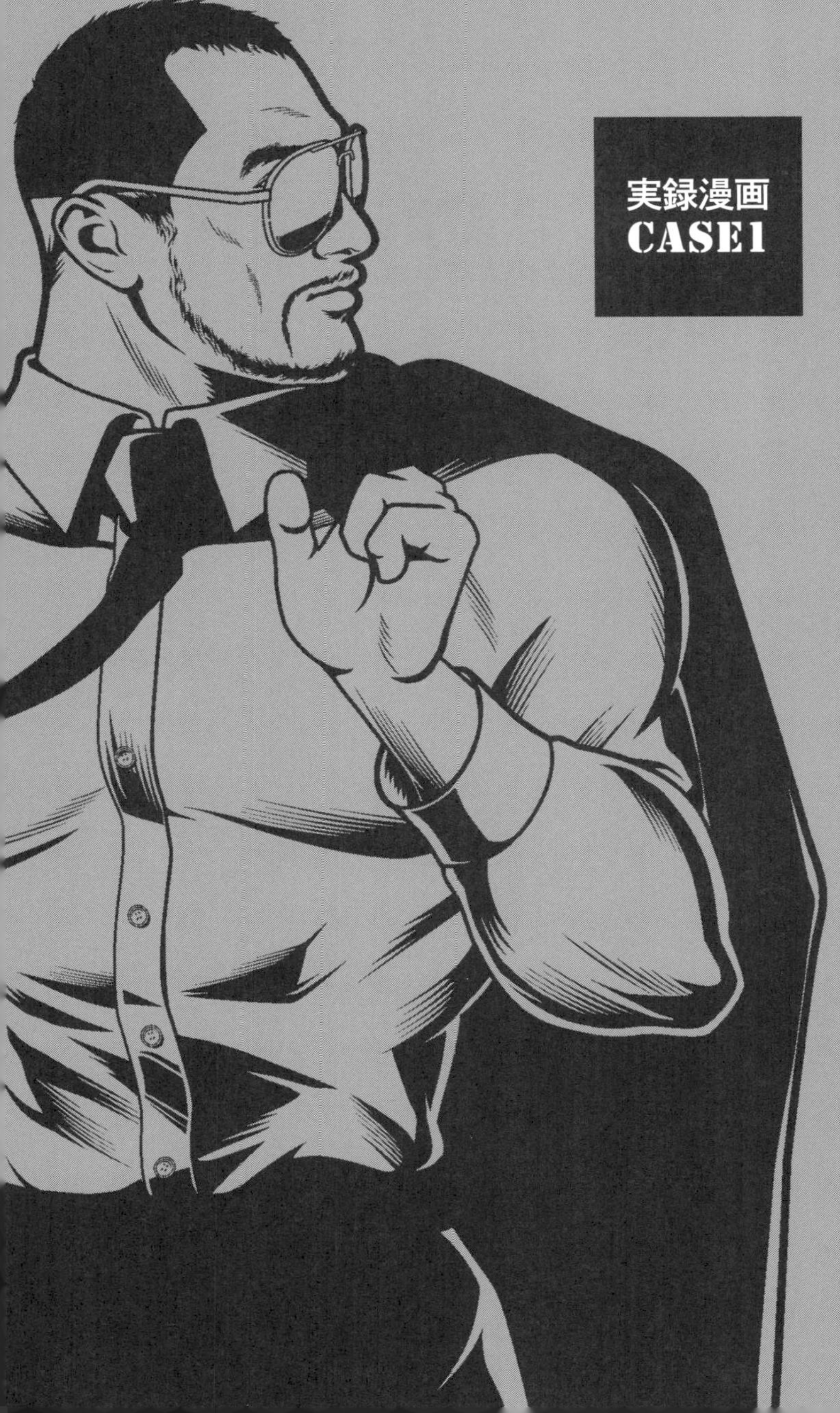

解けない問題に手が震えて…
強迫神経症との長い戦い

医学部受験生
秋田真さんの場合

はじめ
あれ…
これ…何だっけ…
秋田真(高校当時)
お前は秋田家の長男だからな
立派な人間になるのよ!
う…
う…
ミスしたら取り返しつかないのよ!
えっと…
あれ…
カタ
カタ
う…

ガタ
ガタ
ガタ
ガタ
ガタ
ガタ
ガタ
ガタ
両親が二人とも公務員で
どこへ出しても恥ずかしくない立派な人間になるようにと
かなり厳しく育てられました
秋田真(現在)
3歳のときにアナログ時計を読む訓練をさせられたんですが…
真 今何時何分？
えっと…
チラッ
12:15
じゅ… じゅうにじ…

今ビデオの時計見たでしょ!!
ズルをするとは何事だ!!
ひっ
ごめんなさい〜
はい！じゃあこれは!?
まあそれでも中学生までは割と「いい子」でした
成績もよかったし…
高校は県で一番の進学校に入ったんですけど
同級生はみんな開業医の息子とかで何の疑いもなく医学部を目指してて…
両親も
医学部行きなさい
立派な医者になりなさい

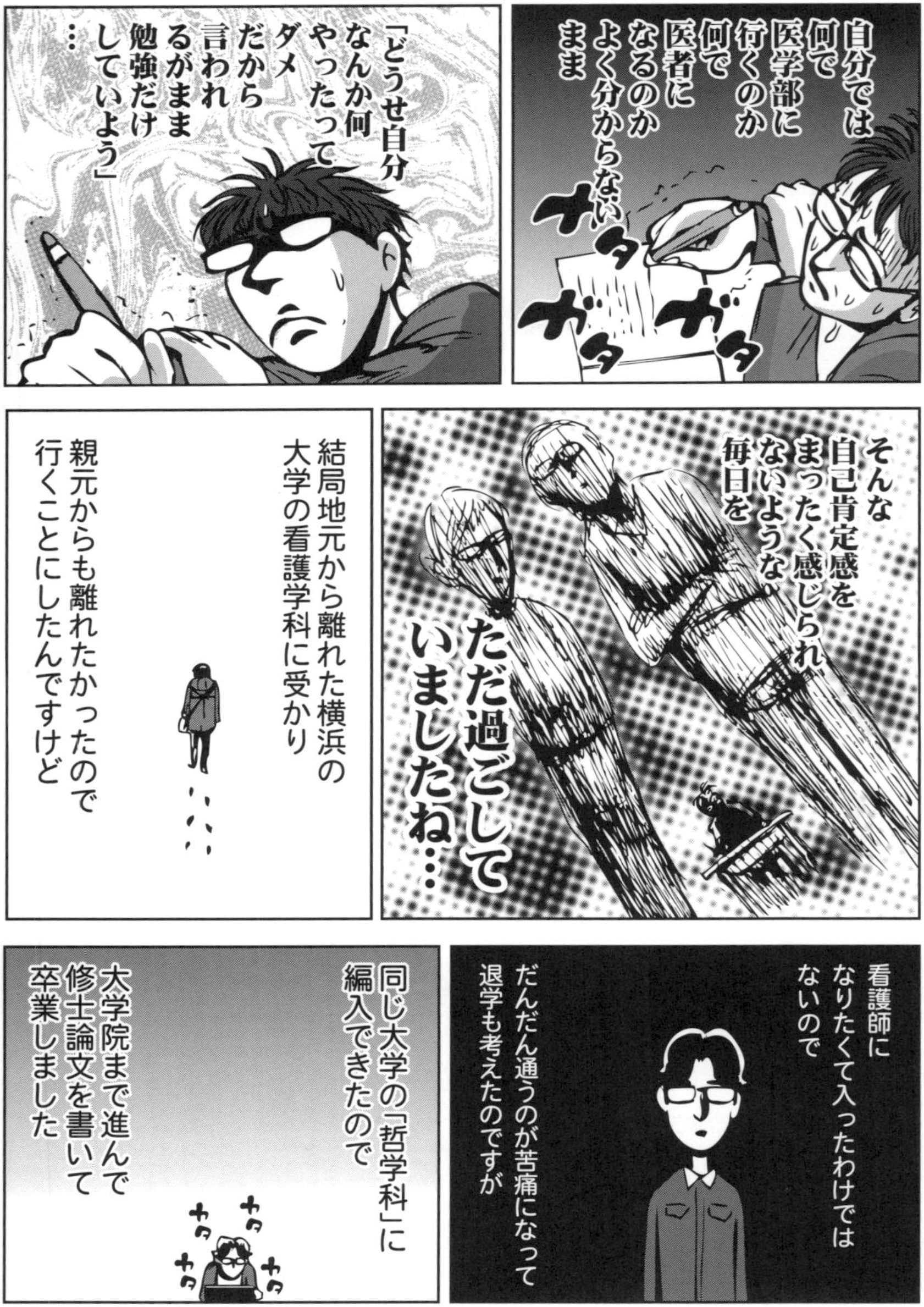

自分では何で医学部に行くのか何で医者になるのかよく分からないまま
ガタガタ
ガタガタ
「どうせ自分なんか何やったってダメだから言われるがまま勉強だけしていよう」…
そんな自己肯定感をまったく感じられないような毎日を
ただ過ごしていましたね…
結局地元から離れた横浜の大学の看護学科に受かり
親元からも離れたかったので行くことにしたんですけど
看護師になりたくて入ったわけではないので
だんだん通うのが苦痛になって退学も考えたのですが
同じ大学の「哲学科」に編入できたので
大学院まで進んで修士論文を書いて卒業しました

唯一興味を持てたのが「生命倫理学」の中で触れた「妊娠中絶の可否」というテーマで…
産婦人科医やお医者さんもいいかなぁと思い
はじめて自分の意志で医学部を受けてみようと
受験勉強を再開したのですが…
もうそれまで以上に手が震えてしまっておさまらないので
心療内科を受診してみたら
強度の強迫神経症
うつにも片足つっこんでるよ
自分が病気なんだと自覚した途端
急激に調子が悪くなってきて

身体にボーリングの球10個ぐらい詰められてるような感覚で
ベッドから起きあがれず
勉強もできなくなってしまいました…
実家に頼る気にもなれずどん底状態の中
筋トレが最強
Testosterone
Testosteroneさんの本を知り
へー…
これならできるかも…
やってみようかな…
最初はベンチプレス30キロが
ふんっ
くっ…
上がらなかったのが週3でジムに通っていたら
だんだん上がるようになって
10キロ刻みで少しずつ重くして記録が伸びることで

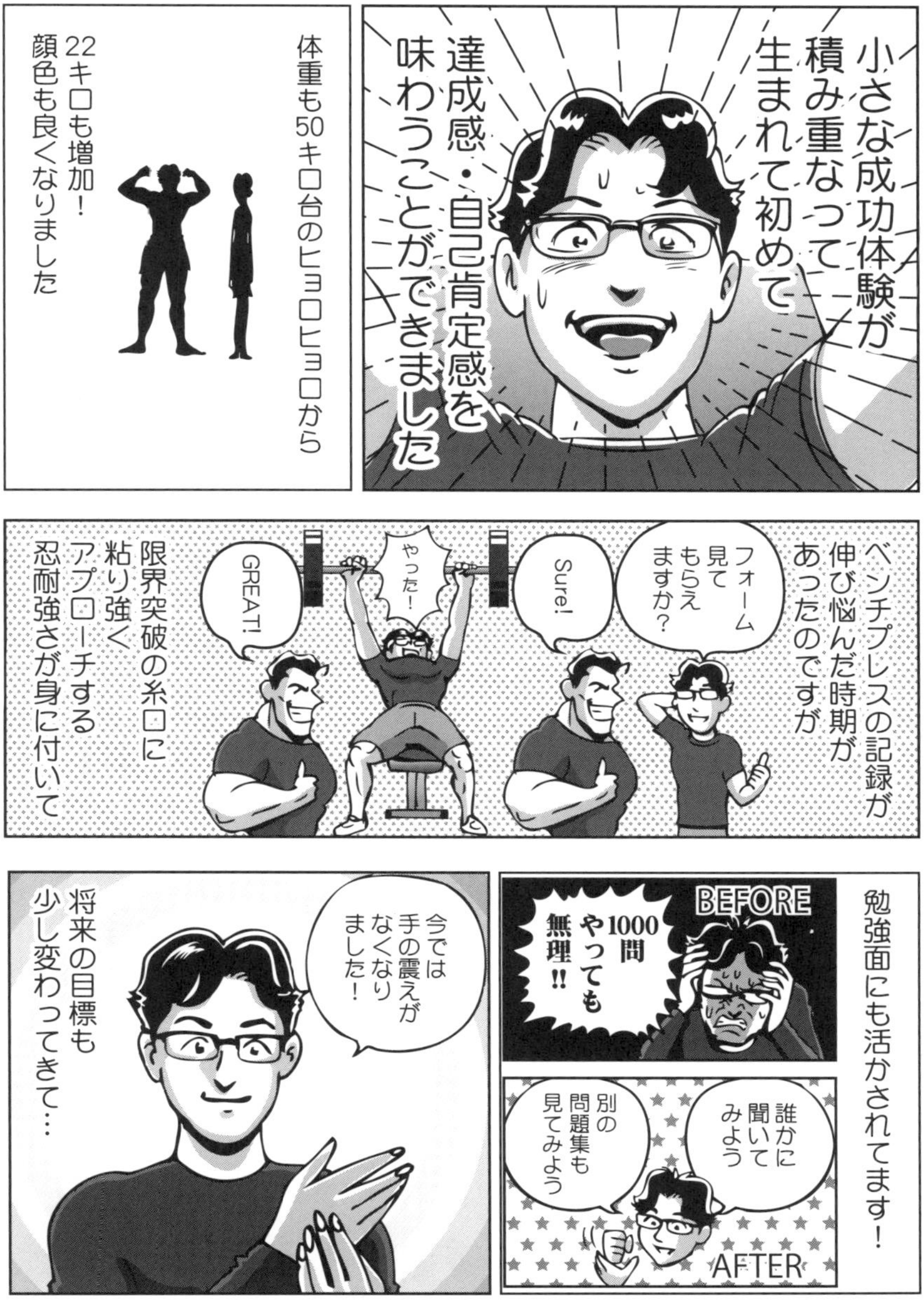
小さな成功体験が積み重なって生まれて初めて達成感・自己肯定感を味わうことができました
体重も50キロ台のヒョロヒョロから22キロも増加！顔色も良くなりました
ベンチプレスの記録が伸び悩んだ時期があったのですが
フォーム見てもらえますか？
Sure!
やった！
GREAT!
限界突破の糸口に粘り強くアプローチする忍耐強さが身に付いて
勉強面にも活かされてます！
BEFORE
1000問やっても無理!!
誰かに聞いてみよう
別の問題集も見てみよう
AFTER
今では手の震えがなくなりました！
将来の目標も少し変わってきて…

心療内科医を目指してます！
メンタルの不調に苦しむ人たちの助けになりたいんです！
自分が何年もかかって抜け出した暗闇から
もっと早く救い出せるかもしれないし…
それと―
今はまだ昔の自分に戻ってしまう不安から
両親には会いに行けないのですが
心療内科医になれたら
会いに行ける気がするんです…
それも新たな目標ですね…

第2章
筋トレは最強のアンチエイジングである

アンチエイジングとは
つまり筋トレのことである

新陳代謝が促進され肌が若返り、体力も若かりし頃を超え、身体のシェイプや姿勢も改善され、ホルモン分泌によりバイタリティーもあふれ出し性欲も復活する筋トレをアンチエイジングと呼ばずして何と呼びますか？　筋トレこそ究極のアンチエイジング。**アンチエイジングに関する商品全部まとめても筋トレには勝てん。**

筋トレしていれば歳を取るのも怖くない

女性の皆さん、筋トレこそ究極のアンチエイジングです。歳を取るのが怖い？　女性は20代が旬？　筋トレしたらそんなの関係ありません。筋トレ&高タンパクな食生活に切り替える事で年齢に逆らい体がシェイプアップされ肌もハリツヤを取り戻し若返っていきます。**時の流れすら凌駕する筋肉の圧倒的パワー。**

筋トレは魔法の若返り薬

「若返りの薬の開発に成功！　健康寿命も伸びます！」となったらいくら払ってでもどれだけ苦労してでも手に入れようとするよな？　**筋トレって若返りの薬そのものだからな。**何歳だろうと筋トレすれば加齢に逆らって肉体は進化し心身共に若返る。マジでちょっとした魔法やん。筋トレ、するしかなくないっすか？

筋トレ中毒が残していく かけがえのないギフト

酒、タバコ、ドカ食い、買い物同様筋トレも中毒になり得るのですが、他の中毒が一瞬の快楽の後に大きなダメージを残していくのに対し、筋トレはカッコよくキレイで健康的な肉体、美肌、アンチエイジングとあげたらキリがないほどのギフトを残していく**最強の自分になれる中毒**なので皆さん筋トレどうですか。

やらない理由を探すより
どうやるかを考える

時間がない、お金がない、もう若くない…やらない理由は無限に出てくる。**やらない理由を考え出したらお終いだ。**やらない理由考えてる暇あったらやる理由を探しな。たった一つのやる理由は無数のやらない理由に勝る。考えるべきはやるかやらないかじゃねえ。どうやるかだ。**やる一択。**前進あるのみ。

筋トレオタクが若々しいワケ

筋トレしてる人が若々しいのは生活習慣のおかげ。食事と睡眠が疎かだと自律神経やホルモンバランスが狂い不健康になり筋肉に良くない。よって、筋トレオタクは栄養バランスを考えるし良く眠る。筋肉を追い求める結果最高の生活習慣が手に入る。**筋肉に良い生活＝人間に良い生活。**すべての道は筋肉に通ず。

Q

筋トレは最強のアンチエイジング?

A

筋トレは加齢による
運動機能の低下や
疾患を予防する

——筋トレにはアンチエイジングの効果があるのでしょうか？

日本抗加齢医学会はアンチエイジング医学について「加齢という生物学的プロセスに介入を行い、加齢に伴う動脈硬化やガンのような加齢関連疾患の発症確率を下げ、健康長寿を目指す医学である」と定義しています。まずは**筋トレをすることで加齢に伴って訪れる疾患を防げるか、**という観点から考えてみましょう。

久保君、僕は加齢という生物学的プロセスに介入を行い、加齢に伴うヒップの垂れ下がりや筋量低下によるボリュームダウンのような加齢関連疾患の発症確率を下げ、生涯プリケツを目指す女性が好きだ。好きという言葉では弱い。**愛している。**

ちょっと黙っててください。話を戻します。まず、高齢化が進む日本において、加齢による疾患として社会問題になりつつあるのがサルコペニア（sarcopenia）です。サルコペニアとは、加齢に伴う筋量や筋力の減少のことを指します。ちなみにギリシャ語でサルコは筋肉、ペニアは喪失を意味します。個人差はありますが、人間の筋肉の量や強度は概ねP55に示した概念図のような経過をたどります。

サルコペニアが進んで活動レベルが低下すると転倒して骨を折る、というような事態が起きやすくなります。高齢者の骨折は寝たきりにつながることが多く、それに伴って認知症が進行してしまうこともあります。転倒などの事故がなかったとしても、サルコペニアが進むと、フレイルという要介護の前段階の虚弱状態になってしまうこともあります。ちなみに、要介護になってしまう原因を分析すると、一番割合が高いのが脳卒中です。次が認知症で、３番目が高齢による衰弱です。そして4番目が骨折・転倒、5番目が関節疾患になります。要介護になる理由のうち、3番目の一部から5番目までを合わせた、**筋肉や関節、骨といった「運動器の機能低下」がなんと全体の約30％になるのです**（厚生労働省「国民生活基礎調査」２０１3年より）。こうした流れに抗おうとしたとき、筋トレが大きな役割を果たすのです。

筋トレでこの折れ線グラフを上に向けちゃうわけだね？　筋肉で運命を捻じ曲げちゃうわけだね？　ロマンだね。

例えば人生で一度も筋トレをしたことがない、という方であれば、安全かつ適切な筋トレを行えば、もしかすると5年前、10年前の自分の筋量、筋力を超えることができるか

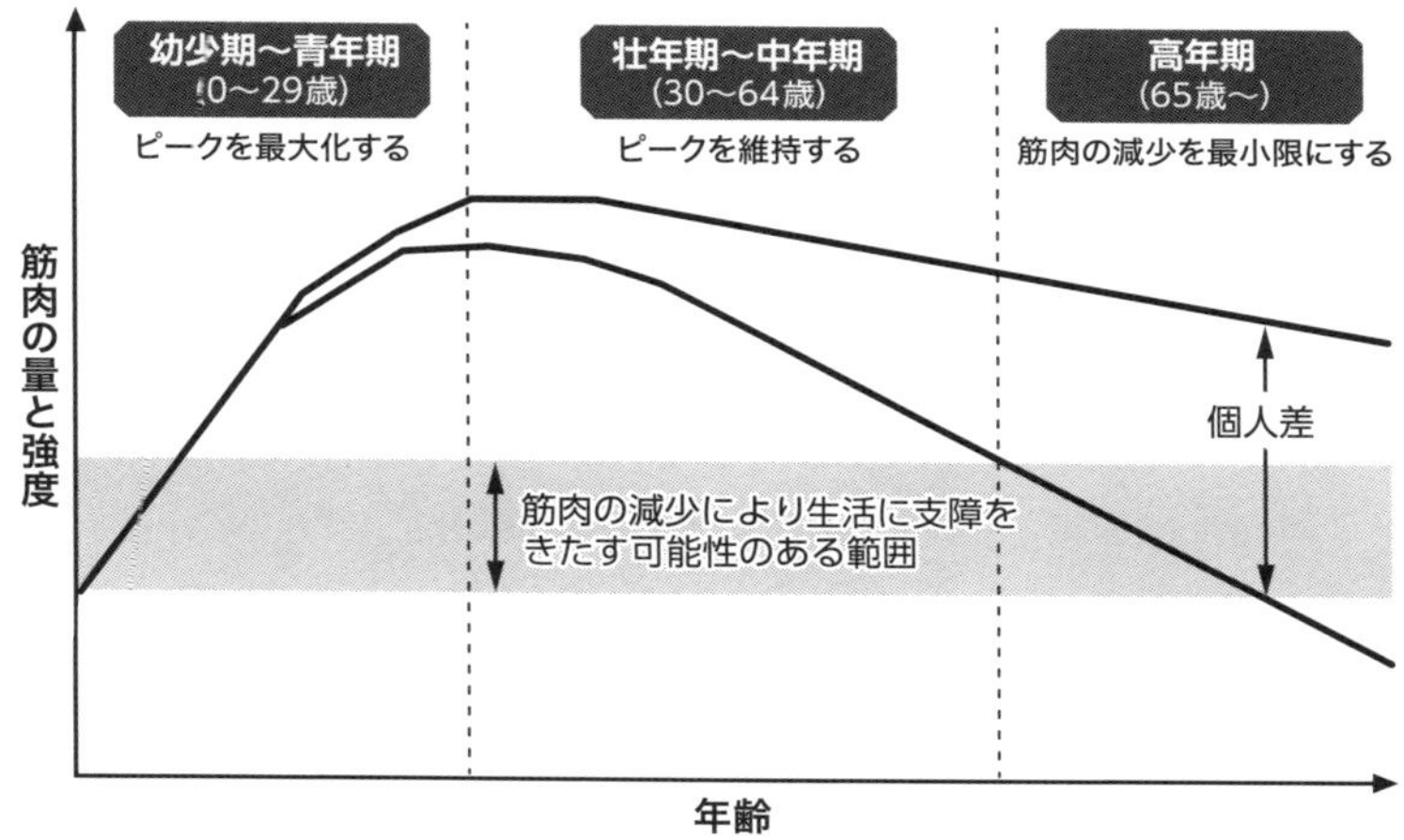

(WHO/HPS,Geneva 2000を基に再構成)

もしれません。滑り台をすべっていたのに、いつの間にか階段を登っていた、なんてことが起きる可能性もあるということです。話を戻しましょう。要するにサルコペニアは筋肉が減ってしまう、という現象なので、筋トレで筋量を増やすことでその進行が抑えられるわけです。移動に関わる動作には「立つ、座る、起き上がる」などの起居動作と「歩く、走る、階段の昇降」などの歩行動作がありますが、**起居動作や歩行動作の加齢に伴う能力低下は、腹筋群（腹直筋、内・外腹斜筋）や太ももの前側の筋肉である大腿四頭筋の筋力の低下を反映しています。**ですので、これらの筋群の筋力の維持向上を目指したトレーニングをすることが有効になります。

——加齢による筋力低下→サルコペニア→認知症を含むさまざまな疾患という負のスパイラルを筋トレで食い止める、ということですね！　**年を取ってからでも筋トレをすれば筋肉量は増えるのですか？**

心配ありません。２０１６年に米国でLixandraoらが行った研究では、**60歳前後の男女に筋力トレーニングを行わせたところ、10週間で平均7～8％もの筋量の増加が確認された**そうです。成長期を過ぎていても、還暦を迎えていてもトレーニングをすれば筋肉は増えるので、年齢を理由にあきらめる必要はまったくありません。

60歳を超えた人でも筋トレすれば筋肉は成長する。**筋トレは人が何かを始めるのに遅過ぎるなんてことはないということを我々に教えてくれている。**「まだ間に合うかな」とか「今さら始めるのもな」と本当はやりたいのに年齢を言い訳に挑戦を躊躇している事はないか？　思い立ったら即行動だ。**人生で一番若いのは常に今。**年齢なんてただの数字に過ぎない。そんなものに君の行動を制限させるな。ご老人でも時の流れに逆らって筋肉を成長させられるんだ、君にできない理由なんてあるのか？

冒頭でいきなりお尻を愛してると宣言していた人が急にカッコいいこと言い出しましたね。ドヤ顔してこっちを見ている彼は無視して我々は話を続けましょう。筋トレがアンチエイジングの役割を果たす、という点で見逃せないのが**「骨」への効果**です。筋力、筋量だけではなく、骨量も加齢に伴って低下するのですが、特に女性は、閉経前後に骨形成を促すエストロゲン（いわゆる女性ホルモン）の分泌量が低下することが報告されています。

——確かに、中高年の人は骨粗しょう症などになりやすいと聞いたことがあります。

そうですね。骨粗しょう症は骨の強度が低下し、骨折しやすくなっているという症状ですが、筋トレで改善できる可能性が高いのです。２０１７年にBone誌に掲載された論文によると、平均年齢44歳の男性を対象に12か月にわたって筋トレ、もしくはジャンプトレーニング（片脚、もしくは両脚ジャンプを40—１００回）をさせたところ**「スクレロスチン」という骨形成を阻害するタンパク質が減少し、逆に骨形成を促すＩＧＦ-１（インスリン様成長因子）の分泌量が増加する**ことが明らかになりました。

——筋トレをすることで骨が強くなる物質が分泌される、ということですか？

その通りです。さらに同研究グループは、中—高強度（40—80％１ＲＭ）の強度でトレーニングをすると、６か月後に脊柱の骨量増加、12か月後には骨盤の骨量増加が認められたとの報告もしています。これは「オステオカルシン」という骨形成を促すタンパク質が増加したことが一要因であると考えられており、ジャンプトレーニングと比較したところ、骨盤の骨量が増加したのは筋トレのみであったことも明らかになっています。

ちなみにですが「骨」は「ほね」ではなく「こつ」と読むと玄人っぽいのでオススメです。

——筋トレなどの運動をすると、肌のターンオーバーが正常になり、美肌になるとか美容にいいというような話もありますよね。

「美容」がどこまでを指すのかはおそらく人によって違うと思いますが、Langbergら（2001）による研究では、20歳前後の若者にコンバットトレーニングなどのエクササイズを行わせた結果、**4週間後と11週間後のI型コラーゲンのターンオーバー（生まれ変わり）の指標が有意に増加していた**そうです。コンバットトレーニングなど、というのは一昔前に流行った、いわゆるブートキャンプエクササイズのようなものを指しています。この研究ではヒトのアキレス腱のコラーゲンについて議論が進められているのですが、これが肌についても言えるのであれば、非常に興味深いですよね。

——皮膚の7割はコラーゲンでできていると言いますし、中でもI型コラーゲンは皮膚の弾力や強度に関与しているとされるので期待が持てそうですね！

また、筋トレは身体的な部分での加齢対策だけでなく、脳のアンチエイジングにも効果があります。その一つが認知機能の維持向上です。認知機能とは何かを知覚、判断、決定したりする能力の総称ですが、Colcombeら（2003）が行った研究によると、有酸素運動にプラスして筋トレを行うと、単体で有酸素運動を行った場合よりも認知機能に対する効果が高いことが明らかになっています。さらに、Busseら（2009）の研究では、**筋トレを行った後に高齢者の記憶力が向上する**ことも報告されています。

運動すると脳がリフレッシュして活性化される感覚は多くの人が体感した事あるよね？僕はこれを如実に感じるから仕事前に筋トレするし、仕事がうまくいかない時とかも筋トレするよ。

——何もしなければ衰えていく筋肉を筋トレをすることによって維持・強化すると骨も強くなって骨粗しょう症も予防できるし、脳にもポジティブな影響があるってことですね。一石三鳥ですね！

一つ注意してほしいことがあります。ここでは中高年の人を念頭にお話をしてきました

が、**若い人であっても筋肉は使わなければ減っていく、**ということです。これは廃用性筋萎縮といって足を骨折した人がギプスを取ったら片足だけ細くなっていたり、宇宙飛行士が宇宙から帰ってきたら筋肉量が減っていたり、といった現象を指します。そこまで極端ではなくても、**運動不足になると身体はどんどん弱っていきます。**アンチエイジング云々は別にしても、継続的な運動習慣を持つことの重要性はもっと広く伝えていかなければいけないと思います。

筋肉は恋人と同じだね。マメにケアしてご機嫌をとらないとすぐにすねていなくなっちゃう。週6で筋トレする僕は毎日がデートみたいなもんだ。**愛してるよ筋肉。**

「運動をすることが身体にいい」ということはみんな漠然とわかっていることだと思います。なぜ、そうなのか、ということを知り、継続的な運動習慣を身につけることで、多くの人が健康で長生きする社会が実現できるのではないでしょうか。

筋トレが99％の問題を解決する！　と言っているのは冗談ではない。人生において健康的不安はもっとも大きな不安要素の一つだ。この章でわかってもらえたと思うが、筋ト

レは健康的不安を取り除くにはもっとも効率的な行為の一つだ。いつまでも若々しく、健康で、最後の最後まで人生を謳歌したいなら筋トレしよう。**そうじゃない人間なんていないはずだから、**俺の計算では日本国民全員が筋トレする時代、**大筋トレ時代**がもうすぐ到来する。

第3章 モテたかったら筋トレしかない

中身だけを見てほしい
なんてそもそも甘い

外見を磨く努力を一切せずに中身だけを見てほしいなんて甘い。相手に失礼。ほこりだらけの商品見て「良い物かもしれないから買ってみよう」となるか？　ほとんどの人が「なめてんの？　商売する気ないなら買わねーよ」と思うよな。わかったら今すぐ筋トレしてこい。**人柄も経歴も頭脳も見えないが筋肉は見える。**

筋トレモテスパイラルの構造

筋トレ↓良い体GET↓自分を好きに↓筋力UP↓自信がつく↓異性に積極的にアプローチ↓モテる↓更なる自信↓様々な事に挑戦↓圧倒的成長↓自尊心高まる↓性格がポジティブに↓ポジティブな人が周囲に集まる↓人生最高

という最高のループに乗るので筋トレするとマジで人生変わる。筋トレは正義。

モテるための筋トレが開く悟りの境地

モテたければ筋トレしろ！　モテるために筋トレする日々の中で君は悟りを開く。**モテたいというかモチたい（重い物を）**、筋肉が欲しい、強くなりたい、恋人ダンベルでよくね？　モテたいという欲求を他の欲求が上回りダンベルという彼女ができた時、モテたいという雑念は消える。**さあ、君も筋肉出家しないか！**

筋トレを巡る最大最強の疑問

Q．ドラッグぐらい中毒性があって気持ち良くて、うつ病対策、健康管理、アンチエイジング、ストレス解消にもなって、続けてると自信がついてモテる、体型が変わって性格も変わり仕事力も向上するモノってなーんだ？

A．筋トレ

Q．なぜそんなに素晴らしい筋トレをしてない人がいるの？

A．なぜだ！

筋トレこそ究極の美容行為

筋トレと食事に気をつける事でクビレができ、立ち姿は美しくなり、新陳代謝が上がり肌や髪に爪もきれいになり、実質代謝も上がり太りづらい体質も手に入る。筋トレは嫉妬や憎しみ等の負の感情やストレスも燃やしてくれるため内側からもきれいになる。筋トレこそ究極の美容行為。筋トレをしている女性は美しい。

恋の傷も
筋トレが癒してくれる

恋の駆け引きなんてめんどくさい事言ってないで好きな人ができたらさっさと好きだと伝えたらいい。「断られたらどうしよう」とか心配しても無駄だよ。想いを伝えるまでが君の仕事、イエスかノーか決めるのは相手の仕事。他の誰かに取られちまったらどうすんだ。**フラれたら筋トレして忘れりゃいいんだ。**

Q

筋トレするとモテるのか？

A

正しい筋トレによって
異性が理想とする
カラダを作ることができる

――ずばり、筋トレをするとモテるようになるのですか？

やれやれ。**「人は死にますか？」みたいな質問だな。**モテるようになるに決まっている。自尊心の向上、見た目の向上、自信の形成、健康、若々しさ等々、これらすべてがモテにつながるのは火を見るより明らかだ。アメリカでは男女ともにモテたければジムに行って筋トレする。男は主に大胸筋、腕、シックスパックを鍛え、女性はジムに行ってお尻を鍛える。筋トレ大国アメリカでは多くの人が健康維持のために筋トレを取り入れているが、それと同じぐらいモテたい一心で、**恋愛市場において自己の価値を最大化するために筋トレしている人も多い。**日本はアメリカのトレンドを後追いする傾向がある。日本にいつ**筋トレ＝モテ**という時代が来てもおかしくはない。

男女がどんな体型の異性を好むかについてはいくつかの研究があります。ニューカッスル大学のクロッセリー教授のグループは2012年、PLoS oneという雑誌に「魅力的なカラダとは？」をテーマにした「What Is an Attractive Body? Using an Interactive 3D Program to Create the Ideal Body for You and Your Partner」という論文を発表しました。この論文で行った実験は、男女80名（男：40名、女：40名）を対象に、

自分が理想だと考える体型の３Ｄモデルをパソコン上で作成してもらうというとてもシンプルな内容です。異性だけでなく、同性についても合わせて作成してもらっています（＝Ｐ74ページイラスト）。

俺も作ってみた！

——こんな体型の人、日本で目撃した事すらありませんよ（笑）。

つ、続けます（笑）。実験の結果、女性が理想とする女性の体はＢＭＩが18・9、ウエスト：ヒップ比が０・7、ウエスト：チェスト（胸囲）比が０・67となりました。これに対し「男性が」理想とする女性の体の比率もウエスト：ヒップ比が０・73、ウエスト：チェスト比が０・69だったので、**男女ともほぼ同じような体型を理想と考えているということですね。**ちなみに数字が小さければ小さいほどウエストとヒップ、チェストの差がある、つまりいわゆる「出るところが出ている」メリハリのある体型ということになります。ついでにＢＭＩ18・9は身長１６０cmだとすると、体重48・５kg前後という計算ですね。さらに、男性の理想とする体はＢＭＩが25・9、ウエスト：ヒップ比が０・87、ウエスト：チェスト比が０・74と、こちらも女性が理想とする男性の体にとても類似していたことが明らかになりました。この研究は海外で行われたものなので、人種による好みの違いが排除されていないことが限界点としてはありますが、異性を意識したボディメイクの一つの指標になるのではないでしょうか。

さて、モテる体型がわかったらあとはそれを目指すだけ。体型を変えるにはどうすれば

女性が理想とする女性の体型

- BMI 18.9
- WHR 0.7
- WCR 0.67

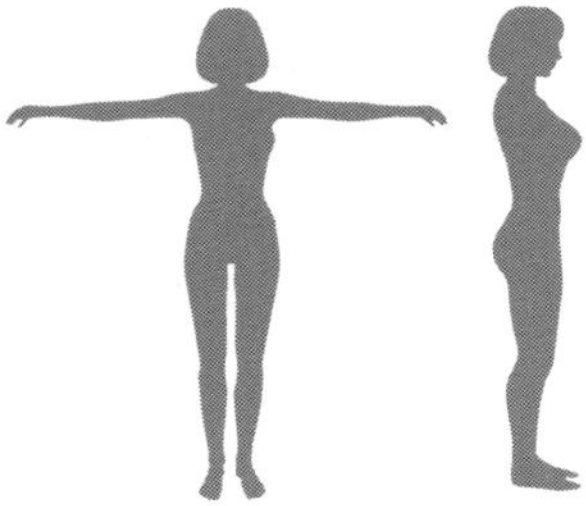

男性が理想とする女性の体型

- BMI 18.8
- WHR 0.73
- WCR 0.69

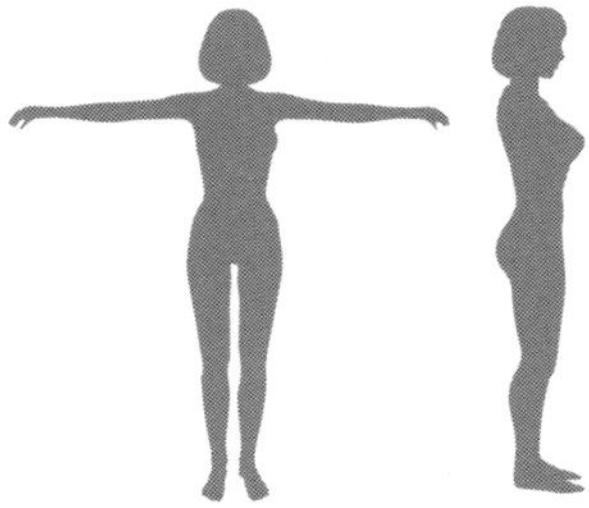

女性が理想とする男性の体型

- BMI 24.5
- WHR 0.86
- WCR 0.77

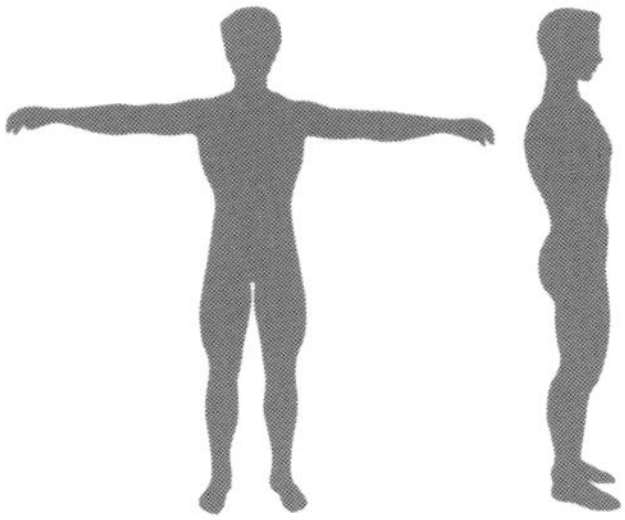

男性が理想とする男性の体型

- BMI 25.9
- WHR 0.87
- WCR 0.74

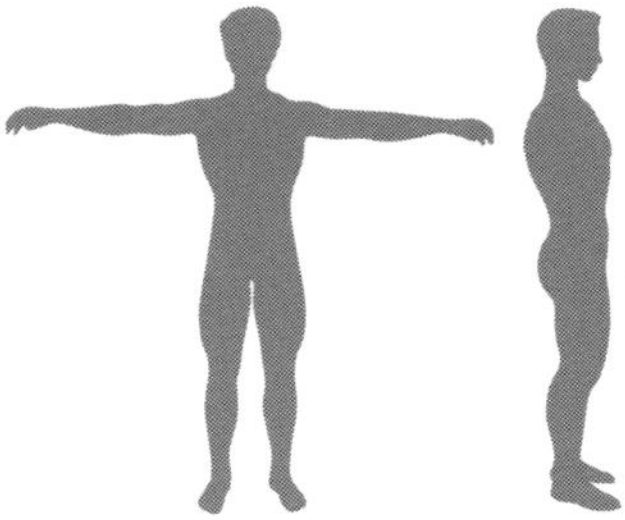

WHR＝ウエスト：ヒップ比
WCR＝ウエスト：チェスト比
（Cross leyら2012の資料をもとに改変）

よいのか？　**そう、筋トレです。**　ただ単にカロリー制限して痩せるだけ、ただ単に走って痩せるだけでは理想の体型は手に入らない。筋トレで体型をカスタマイズする必要があるのだ。

――そもそも筋トレで異性に好かれるような理想的な身体を作ることは可能なんでしょうか？　例えばキュッと上がったお尻を作るためにお尻だけを鍛えることもできますか？

トレーニングの際に可動域を変化させることで、部分的な筋肥大を誘発できる可能性があることが多くの研究から明らかになっています。例えば大胸筋の上の方、太ももの付け根の方という具合に、同じ筋肉内でも狙った部位を発達させられる可能性があるということですね。難しく考える必要はなくて、簡単に言うと筋トレ中に動いた筋肉が発達します。Bloomquistら（２０１３）の研究では、12週の間、週に3回深いスクワット（ディープスクワット）を行ったグループと浅いスクワット（パーシャルスクワット）を実施したグループとを比較した場合、ディープスクワットをした人たちの方が、太ももの前の筋肉が統計的に有意に筋肥大をしていることが明らかになりました。一方、パーシャルスクワットを行ったグループは、太ももの付け根あたりの部分しか筋肥大を起こしておらず、膝にかけての部分は統計的に有意ではないものの、筋肉量が減ってしまっていることが明らかになっています。これは「Regional hypertrophy」と呼ばれている現象で、この分野だけで膨大な数の論文が発行されるほど注目を集めているものです。

――自分の理想の身体に近づけていくためにはそれに合った筋トレのやり方があるということですね。ここらへんはパーソナルトレーナーなど専門家に自分の希望を伝えて、やり方を聞きながらトレーニングした方がよさそうですね。

よくダイエット特集などで取り上げられる「部分痩せ」はとても難しく実現は厳しいが、

狙った場所だけを鍛えて大きくする「部分筋トレ」はできるのだ！

言い換えれば、筋トレである程度自分の身体を自分好みにデザインできるのだ。「腕はほっそり、お尻はプリンとした～い♡」というわがまま女子の願いも、「胸板と肩だけたくましくしたい！」というわがまま男子の願いも筋トレなら叶えてくれる。**現にアメリカでは筋トレのプロであるボディビルダーたちは自身のことを彫刻家と呼んでいたりする**（筋肉付けたり体脂肪落としたりで自分の身体を彫刻家の如くシェイプ、デザインするという意味を込めて）。

この現象を引き起こすのは重量やトレーニング様式ではなく、トレーニングを行う可動域であることも最近になって明らかになっていますので、可動域を意識したトレーニングを行うことはシェイプアップやダイエットのためにもとても重要であると言えます。

ここらへんでお尻を集中的に鍛える方法について復習したほうがいいんじゃないか？

お尻へのこだわり半端ないですね…。例えば、スクワット中は深くしゃがむとお尻の筋肉が多く動員されることがわかっています。それからスクワット中のバーベルは低い位置で担いだ方がお尻の筋肉を動員しやすいことが明らかになっていますので、バーを担ぐ位置も意識してみるといいでしょう。ちなみにスクワット中のベルトの使用はお尻の筋肉の動員を減らし、太ももの前の筋肉の動員を増やしてしまうことも明らかになっているので、適宜使い分けが必要になるでしょう。さらにルーマニアンデッドリフトや、ヒップスラストという種目もオススメです。特にヒップスラストは最近になって研究が進み始めた種目で、スクワットよりも重い重量を担ぐことができるということもあり、お尻の筋肉の動員がスクワットよりも大きいことも明らかとなっています。**ちなみにスクワット中は200種類以上の筋肉が活動しているんですよ！**

久保博士、僕がお尻に異常にこだわるのは決して私利私欲のためではないんだ。僕の持論を聞いてくれ。女性がお尻を鍛える↓プリケツ女子の増加↓男どもが良いところ見せようと張り切る↓経済の活性化↓日本経済復活↓プリケツ女子がａｎ・ａｎで大特集される↓町中にプリケツ女子があふれる↓俺がとても幸せ。**どうだろう？**　今なら早稲田大学の久保君の在籍チームにこのセオリーを研究、そして証明する権利をあげようじゃないか。

次行きますね。

はい！　次行きましょう！　元気に行きましょう！

――えー正しい筋トレをすることで異性が好む外見を作れる可能性があることはわかりました。それに加えて、例えば内面的な効果もあったりしますか？

太っている、痩せすぎている、お尻が垂れているなど身体的なコンプレックスが解消されることで、自尊心が向上したり、自信がついて異性に対する積極性が生まれてきたり

することは当然恋愛にもプラスになる。もっと言うと、筋トレ愛好家は恋のパートナーとしても最高だ。筋トレで忙しいし夜は筋肉のために寝たいので浮気しづらい！　趣味があるので自立している！　ダイエットや健康知識が豊富！　筋トレでストレス解消しているので普段は穏やかで精神が安定している！　とりあえず筋肉を褒めておけばご機嫌なので扱いやすい！　それに加えて良い身体してるんだからもう最高だ。しかも、末永く健康に働き続ける可能性が高いので安定の収入を約束してくれる。唯一欠点があるとしたら、**たまに恋人より筋トレ優先するかもしれない。**

――最低にして最大の欠点ですね…。

メンタルヘルスの項目でも触れましたが、筋トレには自尊心を高める、もしくは保つ機能があることが知られています。Cicolloら（２０１６）の報告によると、男性の筋力の強さと自尊心の高さには正の相関関係が見られました。つまり、**男性においては筋力の強さと自尊心の高さが比例する＝筋力を増やせば自尊心も向上する**ということが言えると思います。ですが、実際には自尊心が高い人が筋力が高いのか、筋力が高い人が自尊心が高いのかについての因果関係の方向性は不明なので、今後の研究を待ちましょう。

さらに、この研究では女性の筋力と自尊心の間には相関関係が見られなかったようで、男性と女性では根本的に「筋力」というものに関する考え方が違うのかもしれません（例えば女性は男性と違って筋力にあまり魅力を感じていないので、自尊心が高まらない、など）。

男の単純さ！（笑）。そして、個人的観測ですが筋力の向上＝自尊心の向上は紛れもないファクトです。

筋トレは最初の一歩を踏み出すまでがとても大変です。特に女性はジムに怖い人がいないかなぁとか、こんな私でも大丈夫かなぁとか、心配になる気持ちはすごくわかります。ですが、実際に筋トレをちゃんと理解している人は優しい方ばっかりですし、初心者を馬鹿にするような人はいません。しかも、一度筋トレを始めてしまえば、食事管理やトレーニングフォームなどその奥深さにきっと魅了されるはずです。どんどん変わっていく自分の体型を見て自分に自信が持てるようになれば、異性に積極的な態度をとることもできると思います。

——すごいですね。**最後に筋トレをガッツリやっていらっしゃるお二人のモテエピソードを聞かせてください！**

久保君、大変だ！　**スクワットの時間だ！**　今すぐ出発しないとジムが閉まってしまう！　これ以上お話してる時間は2秒もない！

それは大変だ！　**今すぐ出発しましょう！**

第4章
仕事ができる人は なぜ筋トレをしているのか

マッチョを雇用すべき4つの理由

アメリカでは太っている人は自制心が弱く自己管理すらできないとされ雇用されにくい一方、**マッチョは真逆の評価を受ける。** マッチョである事は① 自制心が強く自己管理能力が高い ② タイムマネジメント能力が高い ③ 栄養学に強く健康で丈夫④ 運動が生活の一部のためストレスに強い——等の証明になり雇用される。

日本人マッチョの希少性

日本人がマッチョだと海外で超評価される。海外における日本人のイメージは「華奢で気が弱く頼りない」なので体を鍛えておくだけで「こいつは一味違うな」「仕事できそうだな」と思わせる事ができる。海外ビジネスシーンにおける筋肉の恩恵は計り知れない。筋肉は万能である。**筋肉あればなんとかなる。**

人間も動物も最後は体力がモノを言う

成功してる奴としてない奴に大した差なんてない。一つあるとすれば体力の差だ。体力のある奴が集中力切らさず良い仕事するし、体壊さず安定して成長するし、知識も機会もガンガン手に入れてく。**人間もしょせん動物。体力の差がモノを言う。**体力こそ最強の資本。筋トレこそ最強の自己投資。すべては筋肉である。

筋トレで正しい努力の方法が身につくワケ

正しい努力と間違った努力がある。ただガムシャラにやればいいってもんじゃない。間違ったフォームでスクワットしてもケガする。筋トレを長時間頑張っても食事と睡眠をおろそかにしたら筋肉は減少する。仕事でも勉強でも同じだ。**正しい努力を見極める力、定期的に周囲の人に意見を求める素直さを持て。**

グローバルエリートになるには筋肉が必須

グローバルに働きたいなら語学は大切だけど、**筋肉を通して相手と打ち解けるスピード感には勝てない。**スーツの上からでもわかるぐらい鍛えれば筋トレトークが自然と始まり仲良くなるまでの所要時間2分である。しかも筋肉は世界共通言語。**語学だけじゃダメだよ。筋肉だ。**筋肉で世界を制するのだ。

生物としてなめられないために必要なもの

〝生物として弱い〟と認識されるとなめられて仕事を押し付けられたりイジメられたりします。「俺をなめんなよ」と常日頃から攻撃的な性格でいるとただの痛い人。嫌われます。**どうしたら穏やかに過ごしつつも〝危険な生物〟と認識してもらえるのか？**　答えは簡単。筋肉です。筋肉は生活に平穏をもたらします。

クリスマスの行動が人生の勝敗を決める

クリスマスにあえて独りぼっちで仕事や筋トレする事により「クリスマスに恋人と熱い夜を過ごした連中に負けてたまるか！」という凄まじいハングリー精神を育む。このハングリー精神が勝者と敗者を分ける。**クリぼっちは実は敗者ではなく勝者なのだ。**できる人間は皆そうしてる。**これは世界の常識。**

説得力に欠ける人に必要なもの

人望が薄くて説得力に欠けるそこのあなた！　スーツがはち切れんばかりの胸板があるだけで人々は話を聞いてくれるし、あなたの話に説得力が生まれる。胸板も人望も一挙に厚くして説得力も増すにはどうしたらいい？　**そう、ベンチプレスだ。**ベンチプレスをしてる人としてない人では昇級スピードが段違いだ！

Q

筋トレをしている人は仕事ができる？

A

世界のハイパフォーマーは
必ずと言っていいほど
筋トレしている

——日々仕事に追われているビジネスパーソンがトレーニングをする意義はどんなところにあるのでしょうか？

世界でもっとも忙しいと言っても過言ではない多くの海外のエグゼクティブたちが貴重な時間を割き、筋トレや運動を習慣化しているという事実は**筋トレが果てしなく有意義である揺るがぬ証拠の一つ**と言えるだろう。例えば、バラク・オバマ前米国大統領は雑誌のインタビューの中で、**週6回、朝7時から45分間、筋トレと有酸素運動を組み合わせたワークアウトを行っていること**や、激務の合間を縫ってバスケットボールを楽しんでいることを明かしている。Facebookを作ったマーク・ザッカーバーグも少なくとも週に3回、朝一番のランニングを欠かさない。約2億の顧客口座を持つ、世界有数の金融機関であるシティグループCEOのマイケル・コルバットもスクワット、腕立て伏せ、ダンベル運動などを15秒間隔で繰り返す「スパルタクストレーニング」というハードコアなトレーニングの愛好者として知られる。「スパルタクストレーニングで脂肪をカットしたように、シティの脂肪（コスト）もカットできるのか⁉」と煽っていたメディアもあったぐらいだ（笑）。

——おお！　世界一忙しくて、とんでもない結果を出しているハイパフォーマーがトレーニングを生活習慣に取り入れているのは心強いですね。

映画「プラダを着た悪魔」に出てくる鬼編集長のモデルと言われている米ヴォーグ誌の編集長アナ・ウィンターも毎朝5時45分から1時間テニスをしていると語っていたし、アップルのティム・クックCEOは超早起きのエクササイズ愛好家として有名だ。メディアのインタビューにおいて、3時45分に起床し、4時30分までにメールを処理し、5時にはジムにいるという超朝型生活習慣を語っている。

——なるほど！　しかしみんな早起きですね…。

そうなんだ。**一流のビジネスパーソンには朝型の人間が実に多い。**早朝は急な仕事が入ることもないし、多忙な彼らにとって唯一自由に使える時間といってもいい。そこにワークアウトの予定を組み込むことによって生活に規律を作り出している。早朝から運動する予定を組んでおけば、前日に無意味に夜更かししたり、深酒したりするといった悪い生活習慣も付きづらい。それが仕事のパフォーマンスにも良い影響を与えているはず

だ。ちなみに**僕は、朝型だ！**（何か言ってほしそうな顔でじっと見つめる）

――……。

待ってんねんから褒めーや！　もういい！（拗ねる）

ちょっと補足しますと、Brandstaetterら（2015）は、朝型、中間型、夜型の人はそれぞれベストの心肺能力が出る時間帯が違うことを明らかにしています。夜型の人は22時ごろにパフォーマンスがベストになる傾向がある、というように**人間が発揮できる力やパワーなどはその人の中にある体内時計（時計遺伝子）に依存する**こともわかっています。なのでどうしても朝が苦手という人は、自分に合った時間にトレーニングを行うのもアリだと思います。

――エグゼクティブたちがこぞってトレーニングを生活に取り入れている一番の理由はなんでしょうか。

……。

——さすがはTestosteroneさん。早起きなんですね！（棒読み）

やっぱり？（満面の笑み）

——（めんどくせえ奴だな）

トレーニングを生活に取り入れている理由だったね。トレーニングのメリットは多岐にわたり、何か一つ理由を挙げろと言われても困ってしまうが、**もっとも重要な理由の一つは間違いなく健康管理だろう。**世界のエリートたちは地位や名声、金がいくらあっても健康を失ってしまえば元も子もないことを知っている。そして、健康を失えば情熱を持って長時間仕事と向き合う事すらできなくなってしまう。彼らは、健康こそが人間の持ちうるもっとも貴重な財産であることを認識しているのだ。俺が〝健康〟と言う場合、体の健康だけではなく、心の健康も指す。**心身ともに充実した状態でない限り、人は人生を謳歌できないからだ。**そしてこの本でも語ってきた通り、トレーニングは心にも身

体にも良い影響を及ぼす。**体を若く保ち、慢性的な痛みを予防し、自尊心を養ってくれる筋トレを多くのエグゼクティブたちが選択するのは必然とも言えるのだ。**オンライン財務管理の無料サービスで知られるMint.com創業者のアーロン・パッツァーは「いいワークアウトなしに毎日14時間働くなんて不可能だ。もし運動をしていなかったらひどく疲れてしまうし、集中力にも欠けてしまうだろう」と語る。彼の典型的な1日はまず9時から18、19時まで働いた後、夕食と筋トレなどのトレーニングに2時間を費やし、再び午前1時ごろまで働く、というものだという。彼のようなスタートアップの起業家はまさに**「心身を健康に保ち、パワフルに働く」ために鍛えている、**と言えるだろう。

――筋トレや有酸素などの運動は集中力や生産性、記憶力、創造性の向上にも役立つという話も聞いたことがあります。

ハーバードメディカルスクールの研究で、定期的なエクササイズは記憶力、集中力、頭脳明晰さに関わりの深い化学物質の分泌を助けることが証明されている。英国ヴァージングループの創設者であるリチャード・ブランソンも「生産的であるための秘訣はワークアウト」と語り、水泳、ヨガ、クライミング、ウエイトリフティングなどに取り組ん

でいるとインタビューで明かしている。さらに**「ワークアウトをすることで、生産的な時間が日に４時間は増える」**とまで言っている。また、世界最古のフェローシップとして知られるオックスフォード大学のローズ奨学制度は学生を選抜するときに学問の成績と同じぐらいスポーツの成績を重視する。それはなぜか。**文武両道の人間は「良い習慣」を持っているからだ。**減量にせよ、定められた距離を走ることにせよ、**自分のゴールを設定し、計画を作り、計画を実行するための時間を作り、実行し、結果を分析し、軌道修正する。**この一連の流れは、勉強、スポーツ、仕事、すべてに共通する。**営業ノルマを達成するプロセスも、ベンチプレス１４０kgを達成するプロセスも、本質を見れば同じ**なのである。目標を設定し、それを達成することに快感を覚えるゴールオリエンテッド（目的志向型）な人は、どの分野においても成功しやすい。

Lennemannら（２０１３）は、アジリティトレーニング（急激な方向転換や緩急をつけた動きをくり返すトレーニング）が軍人たちの記憶力を向上させることを報告しています。さらに、シドニー大学のMavrosら（２０１７）が進めている「Study of Mental and Resistance Training」というプロジェクトも筋トレが脳に与えるポジティブな影響

についていくつかの知見を発表しています。彼らの報告で①**高齢者でも筋トレをすると、筋力が上がり、認知機能が向上し、心肺機能も向上する**　②**認知機能は心肺機能ではなく筋力と強く関係している**――ということが明らかになりました。

――トレーニングが脳にいい影響を与えることにはすでに科学のお墨付きがあるんですね！　ホルモンの働きが見逃せないという見方もありますね。

筋トレとホルモンについても多くの研究があります。Testosteroneさんの名前の由来にもなっているテストステロンというホルモンは40歳をピークに1年ごとに1％から2％ずつ低下していきます。そして、血中のテストステロン濃度が低いと肥満やアルコール中毒、ストレスなどの原因になることが報告されています。これらの症状を防ぐために臨床では様々な医療行為（薬を飲んだり、専用のパッチを皮膚に貼ったり）が行われていますが、**筋トレをすることによっても血中のテストステロン濃度を高めることができることが数多くの研究で報告されています。**トレーニングをするとテストステロンが何百倍！　とかいうことを明言することは私にはできませんが、血中テストステロン濃度が低い人に対して、筋トレが効果的であるのは間違いなさそうです。

――テストステロン値とビジネスにはどんな関連があるのでしょうか？

英ケンブリッジ大の研究チームの調査で、「金融関係のトレーダーは男性ホルモンのテストステロンの濃度が高いときほど好成績を挙げている」ということが報告されています。**テストステロンの分泌によって自信と集中力が高まり、それが好成績につながっている可能性がある**ということで話題になりました。この調査は、ロンドンの金融街シティで働くトレーダー17人を対象に実施され、8営業日連続で午前11時と午後4時に唾液を採取し、テストステロン濃度と業績の関係を調べたものです。その結果、トレーダーはテストステロン濃度が高かった日に、より大きな利益を上げていたそうです。

リーダーシップ、自己管理能力、タイムマネジメント、正しい努力の方法、目標設定能力、目標達成能力、そしてバリバリ働くための体力と心身の健康。ビジネスに必要な資質の多くは筋トレと切っても切り離せないものばかりだ。ビジネスで成功したければ筋トレしない手はない。**鬼スケジュールのオバマさんもやってるんだから、時間がないとかいう言い訳は聞きたくありません！**

実録漫画
CASE2

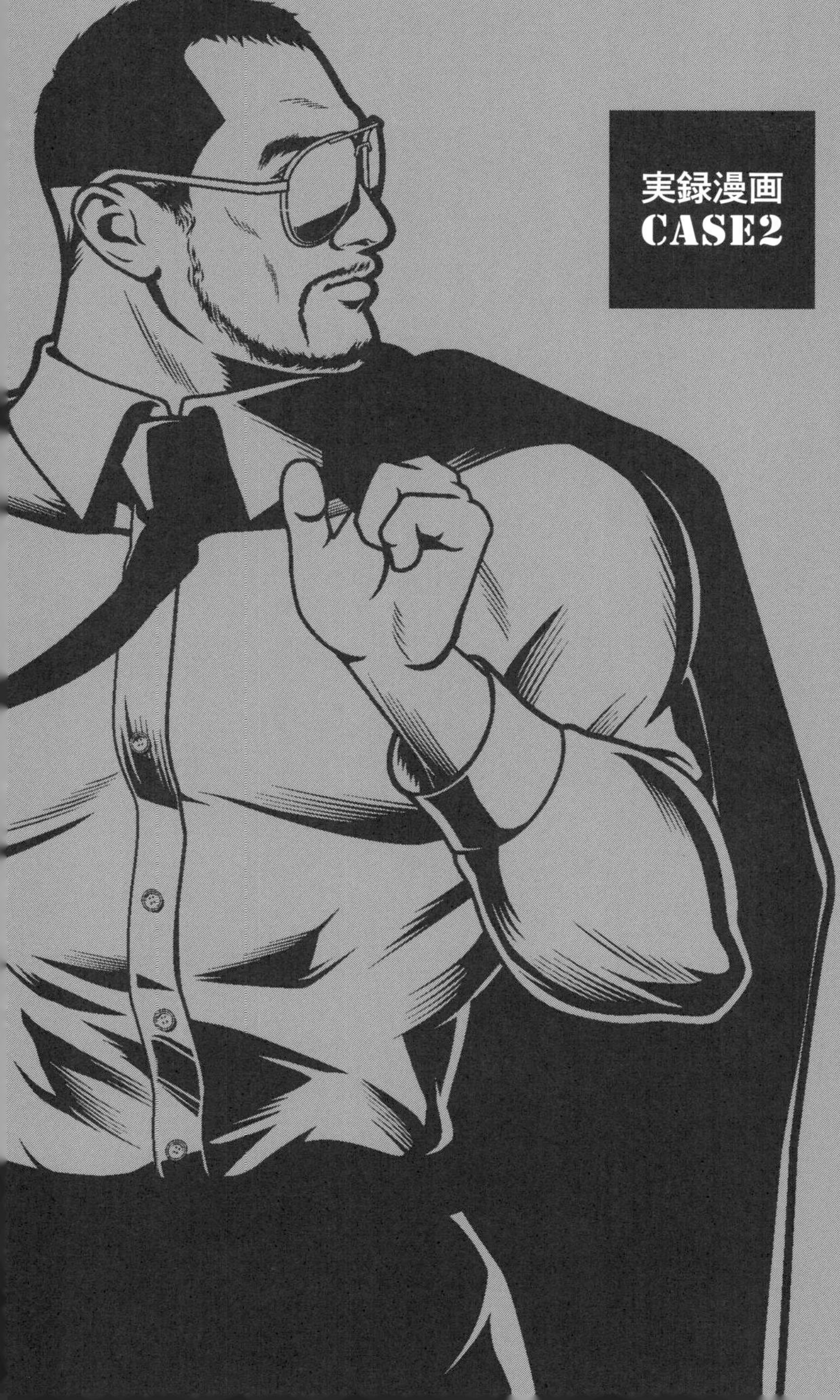

転職失敗の絶望を筋トレで吹き飛ばした話

会社員
モニカさんの場合

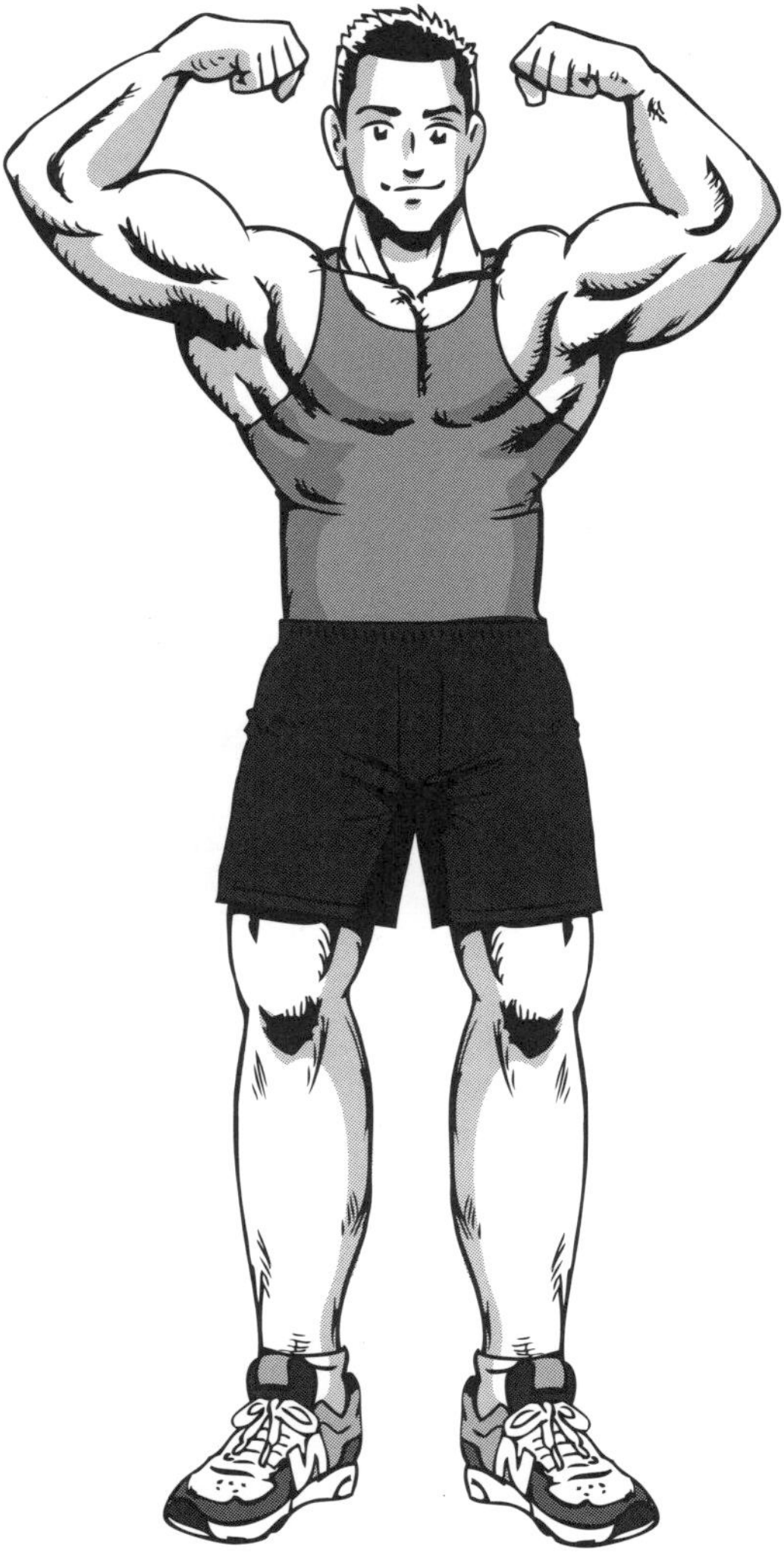

大学卒業後
4年間は百貨店勤務
でしたが
不況による業界全体の
業績悪化で将来のことを
考えて
転職を決意
生活を
安定させたかったのと
警官だった父の影響で
警察官を志して
一から猛勉強
し直しました
筆記・身体能力・面接
すべてクリア
やった…!
新生活の準備をしながら
健康診断の結果を待っていたら
えっ…

し…色覚異常…？
ええ…
採用はかなり厳しいかと…
色覚異常でまさかの不合格…
ごめんね…
遺伝のことなので親にも泣かれてしまって…
かといって責めることもできないし…
思いもよらない落ち方をしたので
カン
カン
カン
カン
くぐるな
くぐるな
くぐるな
くぐるな
正直落ち込み方も分からなくて…
カン
カン

生まれて初めて死んだ方が楽になるんじゃないかって思いました
ダダッ
ダダッ
ダダッ
ダダ
くぐるな
そんなときたまたま本屋でTestosteroneさんの本を見かけて…
……
死にてえって思ったら3ヶ月だけ筋トレしてみてくれ！
んなわけあるかい！
くるっ

シュウウウゥ
3か月後
ホンマや…
筋トレ始めて3か月で
百貨店勤務時代の不摂生な生活で溜め込んだ
10キロ分のぜい肉をそぎ落とし
最初は細くて体脂肪減らせば格好いいと思ってたんですが

ジム通って
トレーニーの人を
見ていたら
デカイ方が
格好いいんじゃ
ないかって
考え方が
変わって
バルク派に
転向しました
メンタル面もかなり
変わりましたね
自分を律することが
できるようになりました
元々自分に甘い性格
だったので
お酒にしろタバコにしろ
今までは何かしら理由を
つけてやってしまっていたの
ですが
「ダイエットできた」「筋肉ついた」という
成功体験を積み重ねたことで
わざわざ自分から
それを邪魔する
ようなことをしたくないと
考えるようになりました
もう一つ大きな収穫が…
おー！
久しぶり
～
あ！

先輩もこのジム来てたんすね！
おう！え、今何してんの？
いやー転職失敗しちゃって…
え、そうなん？じゃあ一回うち受けてみる？
それが今の勤務先です
筋トレしてたら仕事まで決まったという…
まさに筋トレは最強のソリューションでしたね！
逃がしたマッチョは大きいぞ！
ヒョイッ
ってね！
今、警察官になれなかったことは
ポジティブに考えられてるんです！

第5章

ダイエッターこそ筋トレすべき本当の理由

どんなダイエット法も悪い食習慣を倒すことはできない

食事制限不要を主張するダイエットは一切信じるな。「痩せたいけど食べるのは我慢したくない」という誰もが持つ願望を利用した悪質な詐欺みたいなもんだ。〝**どんなに素晴らしいトレーニング習慣も悪い食習慣を倒す事はできない**〟という言葉がアメリカにあり、この言葉は真実だ。甘い言葉に騙されるな。

筋肉がダイエットにおいて果たす驚異的な役割

筋トレ↓筋肉が大きくなる↓筋肉の周りの体脂肪はまだあるため太くなったように感じる（↑ここでやめちゃダメ。筋トレの真価はここから）↓代謝が上がる↓体脂肪が加速度的に落ち始める↓引き締まった身体の完成↓体脂肪減筋肉増の身体は代謝も筋肉のインスリン感受性も上がりリバウンドしづらい体質となる。

肉体改造は競争ではなく選択

筋トレによるダイエットや肉体改造の成功は選択だ。競争相手のいるビジネスや受験と違い、運や才能は関係ねえ。**筋トレと食事制限は絶対に裏切らないし、やった分だけ確実に努力が実る。**確実に過去の自分を超えていける。その分言い訳が一切効かない。面白そうだろ？　いっちょ根性試しに筋トレ始めよか！

体脂肪を断捨離する意味

断捨離して一番効果のあるモノが何か知ってるかい？　長年かけて蓄積した体脂肪だ。部屋にある物を捨てた程度で人生が好転するんだ。**必死で筋トレして弱い自分に打ち勝って体脂肪を脱ぎ去った時の効果は想像をはるかに超えるぞ。**体が変われば人生が変わる。筋トレで人生を超回復。

歯を磨くように
ダイエットをする

どうも！　効率的な筋トレぶり、充実したジム生活、筋トレオタクです！

必死で痩せようとしてるみんな〜？　ダイエットや運動は一時的にすればいいものだと思ってない？

あはっ…じゃあ質問です！

歯をきれいで健康に保つために2週間だけ歯を磨いてやめますか？

…やめない、一生磨き続けるの。

何気ない一言が他人の人生を狂わせる

気安くデブって言葉を使うな。本人が一番わかってるしどんな事情があるかもわからんのに安易にバカにしていいわけがない。それが原因で人間嫌いになったり過度なダイエットをして摂食障害に陥ったりする人もいる。**何気ない一言がその人の生涯を狂わせる事がある。**人間は弱いんだよ。思いやりを持って生きような。

恐怖心で取り組むダイエットは続かない

「痩せなければ」「太りたくない」と恐怖心からダイエットするのと「体脂肪を落として美しくなりたい」「筋肉をつけてセクシーになりたい」と自ら望んでダイエットするのでは天と地の差がある。前者は苦しい、後者は楽しい。**楽しいから続くし結果が出る。**筋トレすると自然と後者のマインドが身につく。

理想の体を手に入れる手段としての筋トレ

ダイエットの定義を「理想の体を手に入れる手段」とするなら筋トレが最強のダイエット法だ。筋トレほど効率的に理想のボディシェイプを作り上げられる行為はない。体重ばかり気にするダイエットは間違ってる。**体重なんて体さえ良ければどうだっていいんだ。**大事なのは体。体を変えるには筋トレが一番。

Q

ダイエットには筋トレを取り入れるべき？

A

筋トレ＋有酸素が
最強のダイエット法である

――巷にはいろんなダイエット情報があふれています。リンゴダイエット、コーヒーダイエット、置き換えダイエット、レコーディングダイエット…。とにかくあまりにも種類が多いので、何をやっていいかわからない、という人が多いと思います。ダイエットをするには筋トレをした方がいいのか、やっぱり食事に気を付けた方がいいのか、ランニングなどの有酸素運動がいいのか。**結局のところどうなんでしょう？**

ダイエットを「体重や体脂肪を減らすこと」と定義するならば、「摂取カロリーを消費カロリー未満に抑える」ことが大前提です。そのためには、摂取カロリーをコントロールするための「食事」とカロリーを消費するための「運動」がカギになってきます。

Willisら（２０１２）は被験者を筋トレのみ（ＲＴ＝Resistance-Training）、有酸素運動のみ（ＡＴ＝Aerobic-Training）、有酸素運動&筋トレ（ＡＴ／ＲＴ）の３つのグループに分け、それぞれ体重、体脂肪率、体脂肪量、筋肉量、太もも周囲径、ウエスト周囲径に及ぼす影響を検討しました。その結果、①体重減少はＡＴ及びＡＴ／ＲＴがＲＴよりも大きい　②体脂肪率、体脂肪量及びウエスト周囲径の減少はＡＴ／ＲＴが一番大きい　③筋肉量の増加はＲＴが一番大きい　④太ももの周囲径はＡＴよりもＲＴ及びＡＴ／ＲＴで増加が大きく、二群とも同様の増加が観察された――という結果が得られました。

ここから言えることは、次の通りです。

①単純に体重減少を目的としているのであれば、有酸素運動及び有酸素運動&筋トレの組み合わせが効果的

②体脂肪率や体脂肪量を減らしつつ、ウエストを引き締めたいのであれば有酸素運動と筋トレの組み合わせが効果的

③筋肥大が目的であれば、筋トレ単体で行うのが効果的

④筋肉をつけずに体重を落としたい、という人には有酸素運動が効果的

自分がどんな体を理想としているかによって、どのアプローチを選択するかを決めるのがよいと思います。

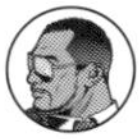

ここで一旦落ち着いて考えてみてほしい。**ダイエットの目的は「体重計のメモリを減らすこと」ではなく「理想の体型を手に入れること」**であるはずだ。体重だけを気にしていては理想の体型は手に入らない。体重は指針の一つに過ぎないからだ。体脂肪率や筋

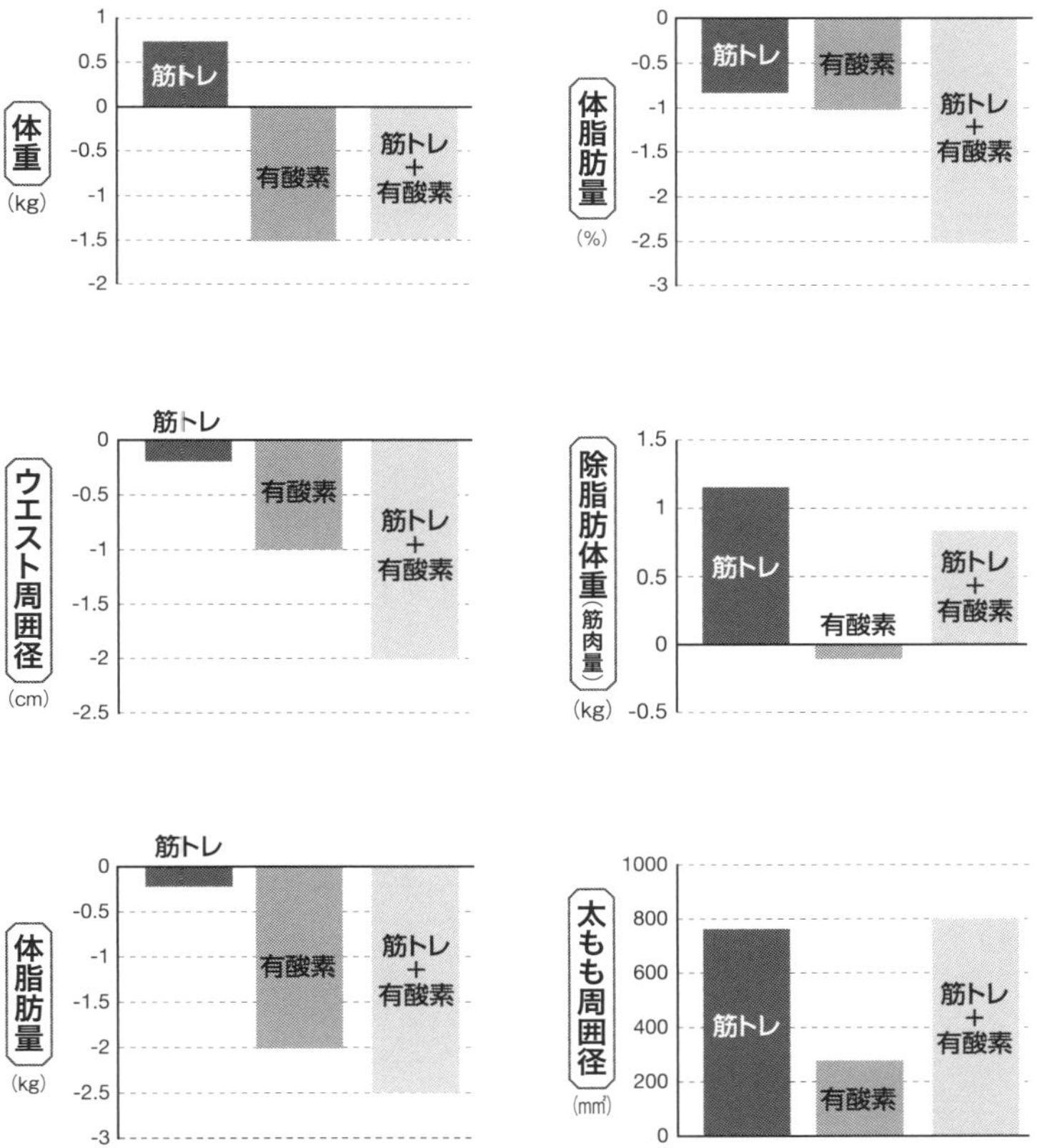

（Willisら2012をもとに再構成）

肉量、ウエストのサイズ等、体重からは見えてこない理想の体型に近づくための指針はたくさんある。**アメリカにスキニーファットという言葉がある。** スキニーファットとは、体重だけ見ると痩せているにも関わらず実際に身体を見てみると体脂肪が多く筋肉量が少なくだらしのない体型を指す言葉だ。ギクッとした読者の方も多いのではないだろうか？「理想の体重には到達したけど、鏡に映る自分の身体が全然イカしてないぞ？ あれれ？」ってなってる人は十中八九このスキニーファット状態に陥っている。**健康的に美しく体重を落とすには、筋肉量の維持はマストだ。** 筋肉が落ちてしまうとボディラインが崩れ、皮膚がたるみ、代謝が落ち、結果だらしがない体になってしまう。栄養失調と呼べるレベルでカロリー制限をし、長時間有酸素運動をすればそりゃ体重は落ちる。落ちるが、それではスキニーファットになる可能性大だ。美しく痩せたい人は②の有酸素&筋トレ一択、**筋肉ゴリラを目指したい君は③の筋トレ単体一択だ！** 有酸素だけで体重を落とすにしても、なるべく筋肉が犠牲にならないようにせめて高タンパク食だけは心がけような！

別の研究では筋トレと有酸素を組み合わせることで消費カロリーが増えることもわかっています。Benitoら（２０１６）の報告によると、筋トレ単体では1分あたり10・4

kcal（女性は6・4kcal）だった消費カロリーが、筋トレと有酸素運動を組み合わせると約13 kcal（女性は8・4kcal）になったそうです。Testosteroneさんの言う通り筋肉をキープすることを前提に効率的に体重を減らしたければ筋トレ＋有酸素が良さそうです。

――なるほど！　いわゆる「ガリガリ」ではなくて、メリハリのあるボディーを作りたかったらただ体脂肪を減らすだけでなく、ある程度の筋肉のキープが大事なんですね。食事のとり方については何かコツがありますか？

例えば**「夜食べると太りやすくなる」とか「朝ご飯を食べると痩せる」というようなセンセーショナルなうたい文句には気を付けた方がいい**と思います。以前、「遅い時間に食べると特定の時計遺伝子の働きによって太りやすくなる」という説がまことしやかにささやかれていたことがありますが、最近の研究では疑問符がつけられています。また、「ゴールデンタイム」といって、筋トレ後30分以内にタンパク質（プラス炭水化物）を摂取することが筋肉の成長には不可欠である、なんてことも言われていましたが、近年では、必ずしも運動直後に栄養素を補給する必要はなく、1日トータルで見て、必要量

が守られていれば大丈夫なのではないか？　という意見が主流になりつつあります。

――夜9時以降食べなければ太らない、とか、朝ご飯を食べると代謝スイッチオン！　みたいな言葉にはあまり根拠がないということですね…。

そうですね。**ただ、栄養に関して「1日の総量を守ること」という考え方はコンセンサスがとれています。**例えばタンパク質なら体重1kgあたり0・8gから2・0gのタンパク質を摂取することが推奨されています。

――筋トレという言葉を聞くとプロテインという言葉が自然と連想されるぐらい、筋トレとプロテインには深いつながりがあるイメージです。実際にそうなのでしょうか？　そして、日本人の一般的な食事にはタンパク質が不足しているという話も聞いたことがありますがどうなんでしょう？

筋トレをしている人間が普段からプロテインプロテイン言っていると思ったら大間違いです。我々はそんな単細胞みたいな人種ではありません**（あ、そろそろプロテ**

イン飲む時間だ)。

それにしてもお兄さん、良いところつきますね。**タンパク質、ずばり日本のダイエットに足りていないのはコレです。**筋トレを趣味とする人間にとって最もゆかりの深い栄養素となります。皆さんタンパク質=プロテインの語源をご存知でしょうか？　古代ギリシャの言葉で「最も重要なもの」を意味するプロティオスが語源とされているそうです。古代ギリシャの偉い人が「最も重要なもの」って言ってるんですよ。**もうメチャメチャ大事ってことで間違いない**でしょう。その証拠に、人間の身体はほとんど水とタンパク質でできているのですが、筋肉、内臓、皮膚、髪の毛、爪に至るまでありとあらゆるものがタンパク質で構成されています。つまり、タンパク質が足りなくなると体のどこかしらに不調が現れます。そしてさらにさらに！　タンパク質には一般の人があまり知らないもう一つの大きな秘密があるのです。皆さん、**食事誘発性熱産生**という言葉をご存知でしょうか？　食事誘発性熱産生を知ったが最後、あなたは高タンパク食の魅力に抗えなくなります。はぁ…食事誘発性熱産生をわかりやすく説明したい。皆がわかるようにメッチャわかりやすく丁寧に説明したい…（もったいぶる）。

クボチュウ！　キミにきめた！

ポケモンみたいに呼び出さないでください。サトシは無視して、食事誘発性熱産生の解説をします。私たちは食事から栄養を摂取する際にもカロリーを消費します。カロリーを摂取すると同時に消化吸収自体にもエネルギーを使うわけですが、これを**「食事誘発性熱産生」**と言い、タンパク質が約30％、脂質と糖質では約7％と報告されています。例えば、同じ100kcalを摂取したとしても、タンパク質をとった場合はそのうち30kcalがエネルギーとして消費されますが、脂質と糖質に関しては7kcalほどしか消費されません。ちなみにタンパク質、脂質、糖質のバランスが取れた食事の場合、食事誘発性熱産生は約10％であると言われていますが、タンパク質を多めに摂取することによって食事誘発性熱産生を高めることができると予想されます。特に**普段から糖質や脂質ばかり摂っている人の場合、食事の内容を見直してタンパク質を多めにすることによって、食事誘発性熱産生による消費カロリーを高めることができる**といえるでしょう。

——夕飯が独身男性によくあるカレーとラーメンと唐揚げとチャーハンのローテーションとかだとヤバそうですね…。

食事誘発性熱産生について、一つ例をあげてみましょう。1日約2000kcal摂取する

AさんとBさんがいて、Aさんは1日のタンパク質摂取量が200g（+炭水化物200g脂質45g）、Bさんはタンパク質摂取量が50g（+炭水化物350g脂質45g）だとしましょう。前提として、タンパク質と炭水化物は1gあたりのカロリーが4kcal、脂質は9kcalです。1日の食事誘発性熱産生を次のページのような計算で算出すると、Aさん324kcal、Bさん186kcalです。これと同じ食事を1週間続けたとするとAさんは2268kcal、Bさんは1302kcalとなります。さらにこれを1年続けるとAさんは118260kcal、Bさんは67890kcalとなり、二人の食事誘発性熱産生の差は約50000kcalになります。体脂肪は1kgあたり7200kcalなので、**総摂取カロリーは変えずタンパク質の割合を高くするだけで、実に体脂肪約7kg分もカロリーを多く消費することができる**のです。

――食事誘発性熱産生は要するに「**摂取したカロリーが一部なかったことになる**」みたいなことですよね？　ささみとかむね肉とかブロッコリーとか高タンパクのいわゆるダイエットフードにはちゃんと根拠があったんですね！　ちなみに筋トレ自体に減量効果はあるのですか？

1日に摂る食事からの摂取カロリー

Aさん

タンパク質　200グラム→200×4=800キロカロリー
炭水化物　200グラム→200×4=800キロカロリー
脂質　45グラム→45×9=405キロカロリー

合計2005キロカロリー

Bさん

タンパク質　50グラム→50×4=200キロカロリー
炭水化物　350グラム→350×4=1400キロカロリー
脂質　45グラム→45×9=405キロカロリー

合計2005キロカロリー

食事誘発性熱産生で消費されるカロリー

※1日あたり

Aさん

タンパク質　800キロカロリー×30%=240キロカロリー
炭水化物　800キロカロリー×7%=56キロカロリー
脂質　405キロカロリー×7%=28.35キロカロリー

合計324キロカロリー

Bさん

タンパク質　200キロカロリー×30%=60キロカロリー
炭水化物　1400キロカロリー×7%=98キロカロリー
脂質　405キロカロリー×7%=28.35キロカロリー

合計186キロカロリー

筋トレは運動なのでカロリーを消費しますが、その消費カロリー自体はそれほど大きなものではありません。アメリカスポーツ医学会（ＡＣＳＭ）の公式見解によると、筋トレは活動代謝を高めたりするという意味では体脂肪減少に効果はあるかもしれないが、それ単体で行うことに臨床的な体脂肪減少効果は少ない、と発表されています。なので筋トレ単体で痩せるというよりは、適宜有酸素運動を取り入れるのがいいということになるでしょう。

——筋肉量を維持するために筋トレしつつ有酸素運動をやって体脂肪を減らし、かつ高タンパク食で食事誘発性熱産生も利用する、というのが効率的ということですね。結構王道ですね！

簡単に痩せたがる人が多いんだけど、簡単なダイエットなんてないんだよね。やっぱり王道はしっかり食べて、運動して、寝るっていう人間の基礎に立ち返った生活習慣を身につけること。そんな中でも、**食事誘発性熱産生はチート（ズル）に近い**です。自分でやるべきことは意識的にタンパク質中心の食事に切り替えることだけで、後は無意識下で体が勝手に余分にカロリーを消費してくれるわけだから。**しかも、高タ**

ンパク食は筋肉の維持にも役立つっていう。こういう超お得情報、利用しない手はないですよ。

ダイエット関連の情報には本当に都市伝説が多いんです。例えば、「急に体重を減らすとリバウンドしやすくなる」ということが昔から言われてきましたが、２０１６年にObesity誌に掲載された論文によると、**「食事制限後の体重増加は体重減少の期間に依らない」**ということが明らかになりました。

——あまり急に痩せるのはよくない、とか言ってなかなかダイエットしない人とかもいますね（笑）。

もちろん無理な食事制限の後の解放感によって**ドカ食いをしたり、急に好きなものを食べまくっていたりしたら体重が増えてしまうのは自明**なので、そこには気を付けましょう。健康科学的な視点を持ちつつ、健全にダイエットに取り組む人が増えることを祈ってます！

実録漫画
CASE3

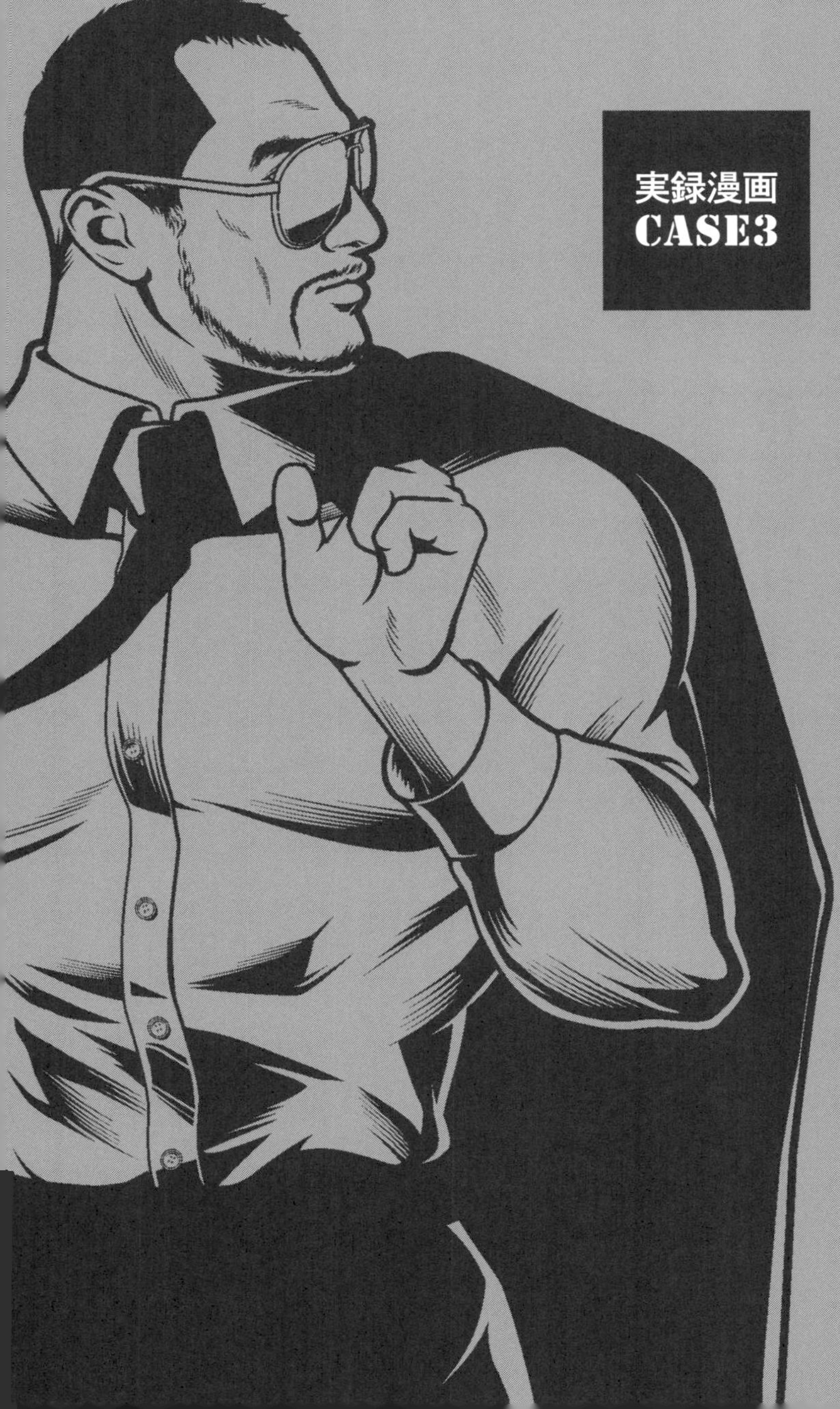

私が摂食障害を乗り越えられたワケ

タレント・ジムトレーナー
meruさんの場合

高校生のとき地下アイドルをやってたんですけど
ある日マネージャーから
もっと痩せれば？
って言われて…
無理なダイエットをくり返すうちに
拒食症になってしまったんです…
常にお腹が空いていないと不安で…
グルルルルル
グルルルル…
一日何も食べないんです…

気付いたら
身長156cmで
体重33kgに
なってました…
いつも周りの子を見て
あの体型ムリ!…
とか
この子より痩せてるから大丈夫!
って自分と人を比べてばかりいました…
でもそのうち
反動がきて…
ガツッ
ガツッ
ガツッ
JUNK POTATO

今度は過食症に
なってしまって…
ガツッ
ガツッ
お腹はちきれるまで
食べて―
それを吐くんです
いっぱい食べても
吐けばいいやって…
完全な
過食嘔吐でしたね
慣れてくると
指とか使わずに
嘔吐を
コントロール
してました…
病院にも
行きましたが
カウンセリング
のみで
あまり
効果がありません
でした…
というのも理由があって
TOILET
ゲボッ
オエ
ゲボッ
大丈夫？
うん…
大丈夫…
ジャ〜〜〜
周りも
そんな子ばっかりっていう
変な安心感
毎食食べては吐いてのくり返し
だから体型はガリガリのまま…

そんな地獄のような日々から救ってくれたのは
筋トレでした
ファーーー
きっかけは知り合いから言われたある一言…
お前ってさあ～
…何よ
痩せてる割にケツ汚ねえな
はあっ!?

垂れてんじゃん尻！
ええ？！
なんなんだこいつ〜〜〜
もうとにかくムカツいて！そっから毎日怒りのスクワットですよ！
フンッ
あいつめ〜
フンッ
フンッ
フンッ
そしたら目覚めちゃったんです…

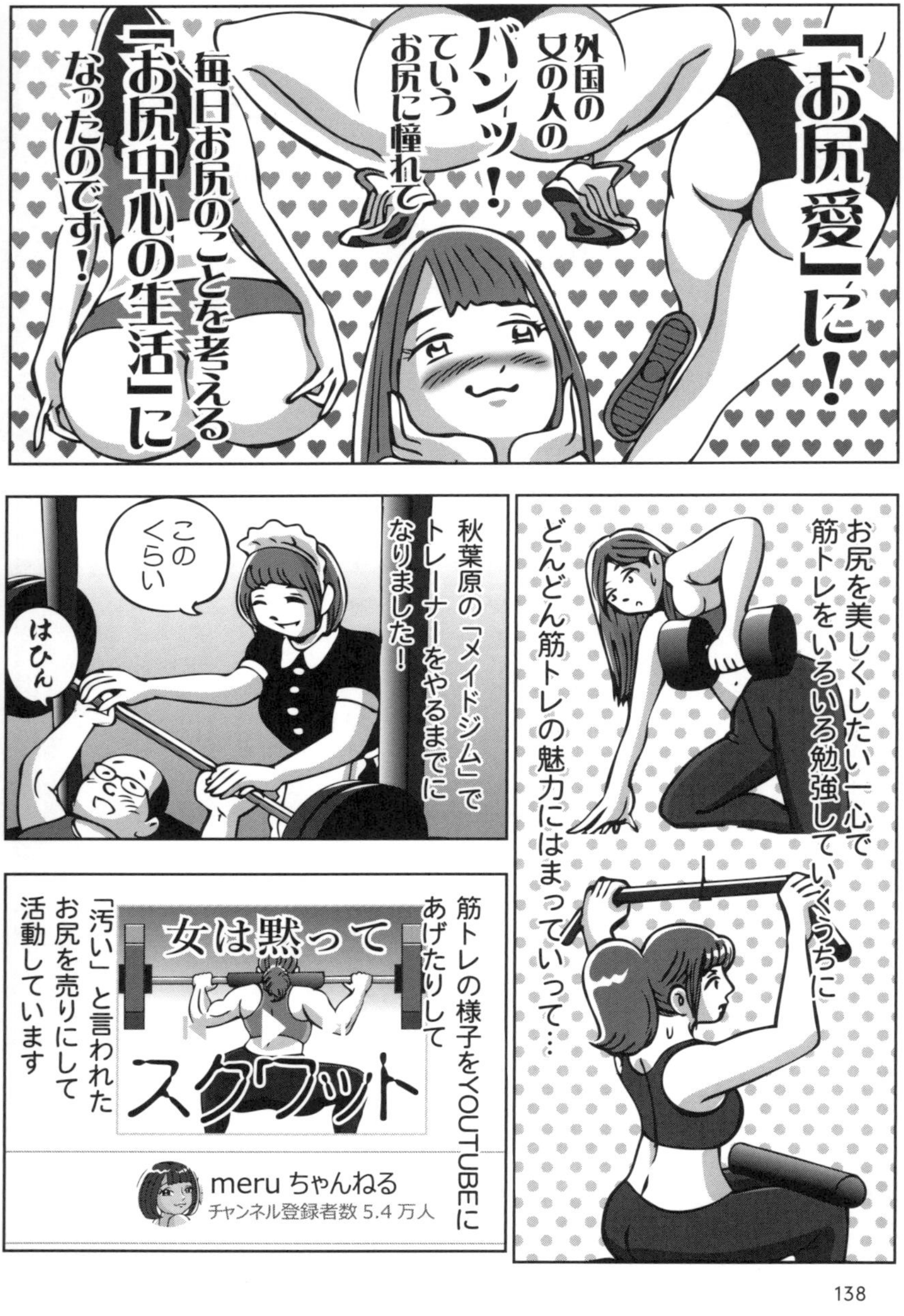
「お尻愛」に！
外国の女の人のバンッ！ていうお尻に憧れて
毎日お尻のことを考える「お尻中心の生活」になったのです！
お尻を美しくしたい一心で筋トレをいろいろ勉強していくうちに
どんどん筋トレの魅力にはまっていって…
秋葉原の「メイドジム」でトレーナーをやるまでになりました！
このくらい
はひん
筋トレの様子をYOUTUBEにあげたりして
女は黙って
スクワット
meru ちゃんねる
チャンネル登録者数 5.4 万人
「汚い」と言われたお尻を売りにして活動しています

前は「ただ痩せている=美」だったのが
「出るとこ出てしまるとこしまっている=美」という風に美的意識が変わったんです！
筋肉をつけるには健康的な食生活と
TOMATO
規則正しい生活リズムが不可欠と知って
シャキッ
この2つを改善することで
見事に摂食障害を克服できました!!
しっかり食べてがっつり筋トレ！
たまにTwitterとかで私のことを
meru
10 5 88
デブじゃん！w
とか言ってくる人がいるんですけど

私的にどんどん理想の体型に近付けているので
何とも思わないですね
もう昔みたいに自分と周りを比べるのやめたんです！
ジムにも最近「お尻を大きくしたい」って女の子が増えてきて嬉しいですね！
もっともっと美尻で世界を元気にしたいです！

第6章
長生きしたけりゃ筋トレをしなさい

筋トレミクスの破壊的効果4選

① **医療費問題**　筋トレ↓生活習慣病の改善↓医療費削減 ② **介護問題**　筋トレ↓健康寿命が延びる↓介護需要が減る ③ **少子化**　筋トレ↓セクシーな男、プリケツ女性増加(プリケツは筋トレで作られる)↓恋愛市場活性化↓結婚↓子ども♡ ④ **経済活性化**　筋トレ↓テストステロン値UP↓やる気活力の向上↓生産性の向上

筋トレは 優れた予防医学である

筋トレは最も優れた予防医学的な行為の一つだ。**身体と健康という現金換算したら数億円に値する資産を、生活習慣病や老いから最も効率的に守る保険と言っても過言ではない。**最強の保険である上に、筋トレすれば男も女もセクシーになって人生が謳歌できるときたもんだ。しかも超楽しい。筋トレはしないと損。

睡眠を削ること＝命を削ること

皆さん！ 寝てますか！ 睡眠って本当に大事で、**睡眠を削る＝命を削る**ぐらいの認識でいた方がいいですよ。睡眠の恩恵は自律神経やホルモンバランスの調整、免疫力の向上等挙げればキリがなく睡眠が不足すると全てが崩れ出しますよ。**睡眠は最も費用対効果の高い自己投資です。**寝ましょう！ おやすみなさい！

ヤケ酒、ヤケ食い、ヤケ筋トレ

「やってらんねーよ」って時はヤケ筋トレを推奨します。お金かからないし、**健康も害さないってか健康的だし、**2時間足らずでバテるので時間もかからないし、汗かくと超スッキリするし、夜は力尽きて余計な事考える間も無くグッスリ眠れます。ハッキリ言って、最強です。ヤケ酒、ヤケ食い、ヤケ筋トレ。

筋トレ保険に今すぐ入会せよ！

筋トレは予防医学。生活習慣病になり思う存分筋トレができなくなる体になる事もあるし、うつ病になり筋トレする気力すらなくなる事もあるだろう。だからこそ今スグ筋トレ始めろ。筋トレは生活習慣病やうつ病になるリスクを確実に減らす。**ガンになってから保険入らんだろ？** それと同じだ。レッツスタート筋トレｎｏｗ！

風邪っぽかったら気合のスクワット

体調を崩す奴は気合いが足りてない。気を張らずだらだら生きてる証拠だ。社会人として失格。本当に情けない。**病は気から**って言うだろ。俺を見てみろ。風邪っぽかったから気合のスクワットで吹き飛ばしてやろうと思ってスクワットして帰って来て今無事に悪化して寝込んでる。**明日はお仕事お休みする。**

Q

筋トレすると長生きする？

A

筋トレをしている人の方が
死亡リスクが低い

——筋トレを中心にした生活をすると、心と生活リズムが整い、かっこいい身体になり、QOLが高まることはわかりました。それに加えて、筋トレを初めとする運動習慣には予防医学的な側面もありますよね。筋トレと健康の関係について教えてください。

まず、大前提として**「筋トレが全体として健康にポジティブな影響を与える」**ということについては研究の世界でも概ね異論がありません。ですので、筋トレが健康に良いのはなぜなのか？　どんなメカニズムなのか？　という基礎的な研究がたくさん行われています。例えば、薬理学的なアプローチや栄養学的なアプローチに加え、**高強度（高重量）の筋トレをすると、骨密度が増加する、**という現象がありますが、これはストラクチュラルエクササイズ（特に頭から脚にかけて重量を感じるようなもの：スクワットやショルダープレスなど）をすることによって、骨に刺激が入り、骨の形成を促すというメカニズムによるものとされています。

アンチエイジングのところでも触れたが、筋トレが中高年の健康寿命を伸ばすことに大きく貢献し、国家単位の大きな目で見れば医療費削減、介護問題の解決、労働人口の増加、消費の増加と**日本が抱える深刻な問題を一挙に解決できる**というのは冗談ではない。

真面目な話、課題先進国（少子高齢化、温暖化、デフレなど現代日本が抱える課題は中国、インドなどの新興国にもいずれ訪れる問題であり、世界各国に先駆けてこれらの課題を解決する方法を模索しようという考え方）の日本が予算内で行える国策で**義務筋トレ以上のものが思いつかない。**筋トレが国策となり、筋トレが日本を救う日は近いぞ。一億総筋トレ時代だ。

――なるほど！　確かに運動習慣のない中高年の人が体調を崩して病院に行くと、医者から歩くことと同時に筋トレをすすめられるケースが多いようですね。Testosteroneさんのおっしゃるように、病院に行く必要性が出てくる前から筋トレを習慣化し、予防医学的な意味合いでの筋トレが国民に広まれば日本にとっては大きなプラスですよね。

はい、筋トレや有酸素などの運動と健康や長寿の関係についてはかなり研究が進んでいて、何千人、何万人という大きな集団を対象にしてある疾病との関連を調べる「疫学研究」も盛んに行われています。今回はそうした壮大な疫学研究の中でも、ある1つの期間から数年後、数十年後までを追って因果関係を調べる「前向き研究」（コホート）をいくつか紹介します。

――「筋トレと病気」について掘り下げた研究があるということですか？

その通りです。Stamatakisら（２０１７）は８万人を対象に、様々な疾患に起因する死亡率と筋トレとの関連を調べました。その結果、**週に2回以上筋トレしている人はそうでない人よりもガンに関連する死亡率が約30％低い**ことが明らかになりました。ここで驚きなのは、有酸素運動を単体で行った場合にはガンに関連する死亡率は低下しなかったということです。さらに、ガン以外も含めた全体的な死亡率についても明確な関連性がでていて、筋トレをしている人たちは若年死する確率が23％低下したそうです。

――おおっ！　８万人とはすごくスケールの大きな研究ですね。簡単に言うとジョギングだけをやっている人より、筋トレをしている人の方がガンで死ぬ確率は低くなるということですね。さらにガンに限らず、若くして死んでしまう心配も減ると。

アスリートだけが筋トレする。筋肉付けたい人だけが筋トレする。そんな時代はもうすぐ終わる。〝走る〟という行為にもジョギング、ランニング、ダッシュと様々な強度が

あるように、皆が皆超ハードな筋トレをする必要はない。**一般人は一般人の強度で、アスリートはアスリートの強度で、筋肉を付けたい人は筋肉を付けたい人の強度で筋トレすればいい。**予防医学や健康管理の一環としての〝筋トレ〟が日本でもっと認知されればうれしいな。

また、この研究から①自重での筋トレでも、器具を使った筋トレと同じような効果（死亡率の低下）が期待できる　②ＷＨＯ（世界保健機関）の筋トレ指針に従って筋トレをするとガンに関連する死亡リスクの低下が期待できるが、有酸素運動に関するＷＨＯの指針は死亡率を下げなかった　③**筋トレと有酸素運動を組み合わせるとより大きな死亡率の低下が期待できる**——ということもわかっています。

——自重筋トレでもＯＫだけど、ランニングだけだと効果なし。筋トレとランニングを組み合わせるとさらに◎ということですね！　ちなみにＷＨＯの指針ってどれぐらいなんですか？

筋トレについては18—64歳の場合、中強度の身体活動を週に１５０分以上、高強度身体

活動であれば75分以上を推奨しています。いわゆる有酸素の運動については、1回あたり10分以上で、中強度なら週に300分以上、高強度であれば150分以上行うことを勧めていますね。

――軽いジョギングやマラソンだと週に300分以上、5時間もやらないといけないんですね！　**結構ガッツリやらせようとしてきますね…**それに比べ、高強度の筋トレなら75分でいいんですね。中強度の有酸素と比べても1／2で済みます。前の章でも取り上げましたが、忙しいビジネスパーソンが筋トレを選ぶのもわかりますね。

そうなんですよ。筋トレは超効率的なんですよ。世界を股にかける超多忙なグローバルスーパービジネスエリートの僕なんかだと、1分1分がとても貴重で運動する時間がなかなか捻出できないからね。ちなみに、そんなグローバルスーパービジネスエリートの僕の週の筋トレ時間は**週800分です！**

――結局軽い有酸素の約3倍の時間使ってるじゃないですか（笑）。

筋力と死亡率の関係についてもう一つ付け加えると、2008年にRuizらが20歳から82歳の約8000人の男性に対して行った研究では、**筋力レベルが高い人（上肢の筋力はマシンを用いたベンチプレス、下肢の筋力はレッグプレスを用いて測定）は筋力レベルが低い人より20―30%死亡率が低い**ことが明らかになりました。これは単純に筋トレをして筋量、筋力が増えて、健康リスクのある余分な体脂肪が減ったからとも予想できますし、筋トレのために食事に気を付けはじめたり、身体活動量が上がったりと、付随的な役割を筋トレが担っていた可能性もあります。おそらく、膨大な要素が絡み合って死亡率を下げているのでしょう。

そこが筋トレの素晴らしいところで、筋トレの効果を最大化しようと思うと自然と生活リズムが整う。十分な栄養補給と睡眠は筋肉の成長には欠かせないからだ。ご存知の通り、栄養と睡眠はホルモン分泌や自律神経の調整、免疫力のアップ等、人間が健康でいるための多くの重要な要素と関わっている。**「筋肉をつけたい！」という欲求に従い生きる結果、もっとも健康的な生活習慣が身につくのだ。生活習慣の矯正まで求めてくる趣味、筋トレ以外になくない？** 筋トレは本当に最高だ。

死亡率についての調査にはいろいろなものがあって、身長と体重の関係から算出するBMI（Body Mass Index）に関するものも多数あります。BMIは肥満度を測るためのものですが、体脂肪率を考慮していないので、筋トレ界隈では評判がよくありません。体脂肪率が5%とかのマッチョでも、体重が重いとBMIの上では「肥満体型」になってしまうからです。ただ、BMIもなかなかバカにできなくて、東アジア諸国を対象にした46の研究をまとめ、Lancet誌に掲載された論文の図表から解釈すると、**BMIが5上がるごとに死亡率が約10%上昇してしまう**ことがわかります。

私はBMIには反対です。個人的な理由からではなく、確固たる理由があります。聞いてください。5～6年前でしょうか。会社の健康診断でBMIの数値から〝肥満〟と判定されたんです。カルテを受け取る際、「肥満なので生活習慣にお気を付けくださいね」と女医さんに言われました。女医さんが超タイプだったので、カッコつけたい欲が出てしまい「肥満ではありません！　筋肉です！　嘘じゃありません！」とつい強めに主張してしまい苦笑いされながら冷たい視線を向けられました。**あれは完全に変人を見る目でした。**あの事件がなければあの晩、僕は女医さんとディナーに行けていたはずです。間違いありません。BMIは許しません。

個人的な理由以外の何物でもないじゃないですか（笑）。**この出来事がなければディナーに行けていたという科学的エビデンスもありませんし。**

うるさい！　恋は科学では測れないんや！

——……（笑）。脱線してるので話を元に戻しますね。根深いＢＭＩ問題は置いておいても**「死にたくなったら筋トレ」ってだけじゃなくて、「死にたくなかったら筋トレ」とも言えそうですね！**　ちなみに死んでしまうような深刻な疾患以外にも筋トレは効果があるのでしょうか？　例えば生活習慣病についてはどうでしょうか？

Biomed Research International に掲載されたStrasserら（２０１３）の総説では、**筋トレがグルコースの輸送体であるGLUT4による糖の取り込みを増加させることによって2型糖尿病（糖尿病全体の90%以上を占め、主に生活習慣の崩れが引き金になって起こる糖尿病）を予防できる可能性がある**ことを示唆しています。またDiabates Careに掲載されたEvesら（２００６）の総説によると、筋トレは他の章で触れたサルコペニアなどを予防するほか、血糖コントロールやインスリン感受性を改善するため、２型糖

尿病罹患者にも推奨できるものであるとしています。

——糖尿病は合併症のリスクがあって怖いですからね…。将来の健康リスクのためにきちんとした食事をとったり、規則正しい生活を送ったりするのはなかなか難しいですが、**趣味である筋トレのため、筋肉のためと考えたらできそうな気がしてきました！**

一つ留意してほしいこともあります。前述のEvesらも「ほとんどの先行研究が専門家のスーパーバイズ（監督）のもとで行われたものであること、筋トレには専門の器具やエクササイズの知識がある程度必要であること」を指摘しています。つまり**筋トレの恩恵を十分に受けるには正しい知識と環境が必要ではないか、**ということを示唆しているのです。知識を広め、そういった環境を作っていくことも、我々の仕事の一つなのかもしれません。

全人類が正しい筋トレの知識を理解し、手軽に筋トレに取り組める環境を整えることは俺の人生の究極の目標だ。超安価でアクセスもしやすい**筋トレインフラ**を近い将来絶対に整えて見せる。日本政府さん、スポーツ庁さん、やりましょう。いつでも協力します。

――筋トレという素晴らしい習慣を一部の愛好家だけで独占するんじゃなくて、広く人類全体にシェアできたら素晴らしいですよね。

最後になりますが、筋力と死亡率や生活習慣病の関連を調べた研究の多くは、簡単に調査できる握力を「筋力」と定義しています。ちなみに**握力は全身の筋力とも相関がある**ことが多くの研究で知られていますので、握手をすると、その人の筋力がある程度わかるかもしれませんね。

――Testosteroneさん握手してください！

私の筋力を握力なんかで判断しないで！　もっと全体を見て！　**まずはハムストリングから！**

――こ、こいつめんどくせぇ……。

実録漫画
CASE4

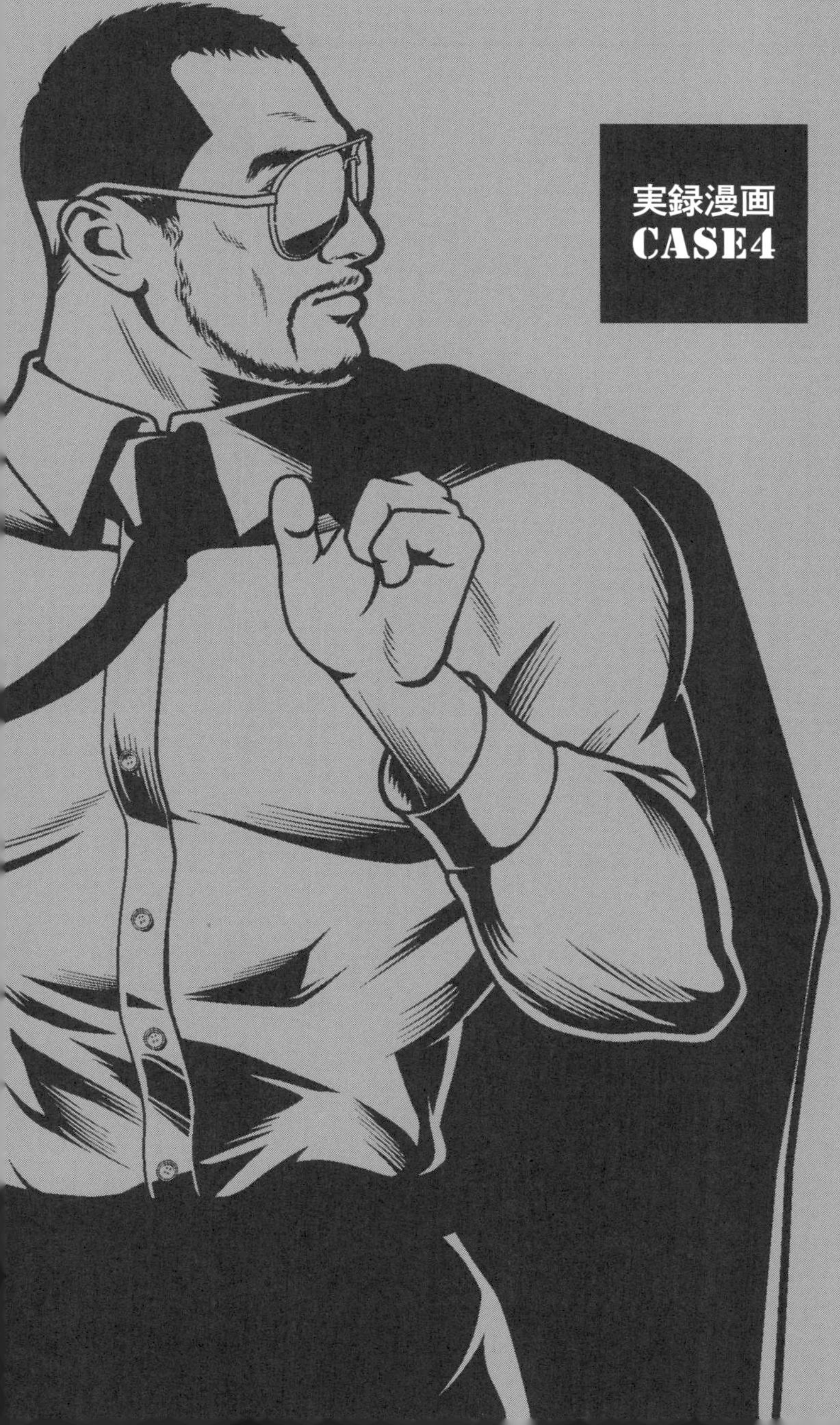

うつで動けなかった私を変えた筋トレとの出会い

作家
岡映里さんの場合

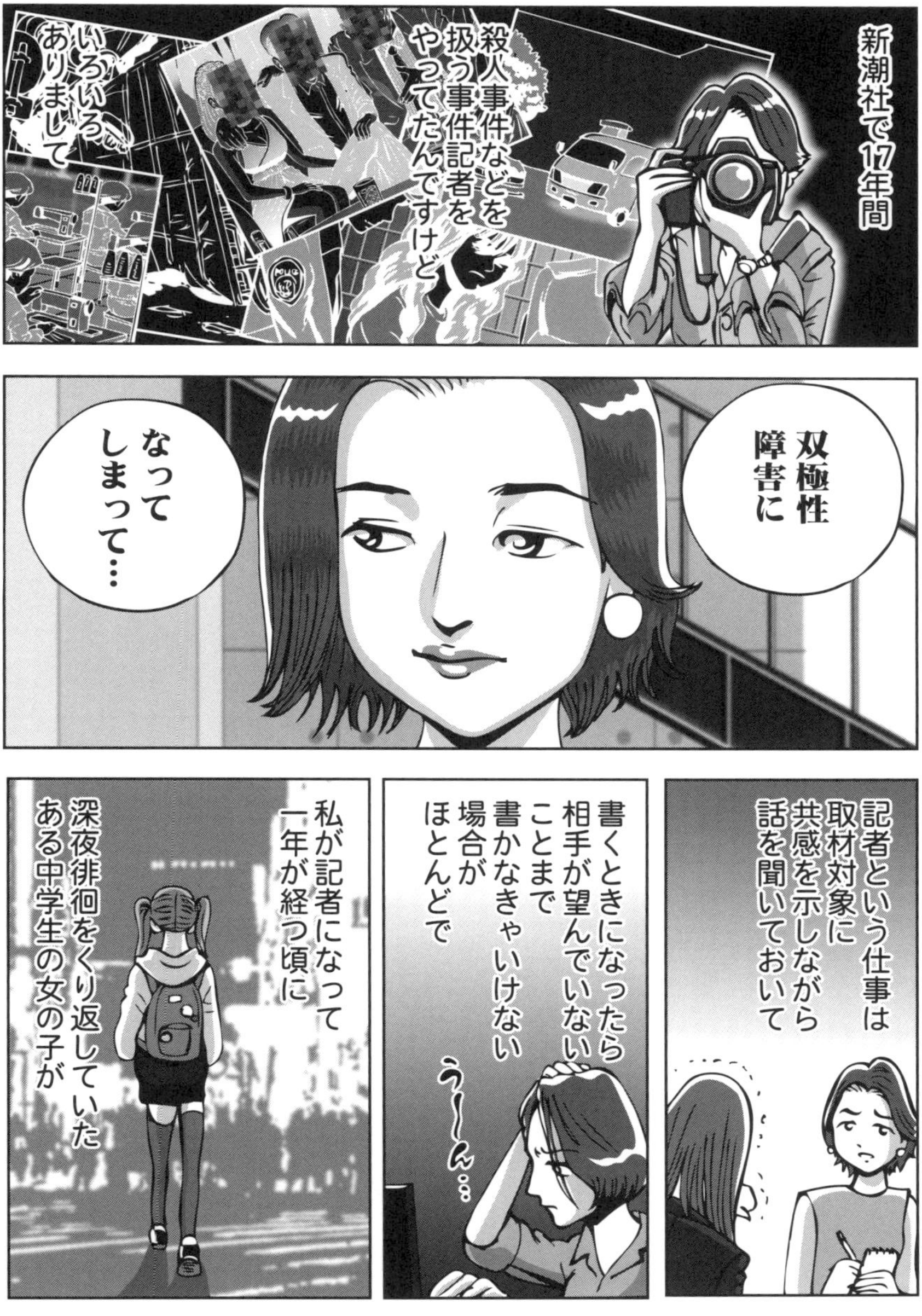
新潮社で17年間
殺人事件などを扱う事件記者をやってたんですけど
いろいろありまして
双極性障害に
なってしまって…
記者という仕事は取材対象に共感を示しながら話を聞いておいて
書くときになったら相手が望んでいないことまで書かなきゃいけない場合がほとんどで
う〜ん…
私が記者になって一年が経つ頃に
深夜徘徊をくり返していたある中学生の女の子が

出会い系で知り合った男に殺された事件があって
世間は当初
中学生のくせに徘徊してるからだ！
出会い系なんかやってるからだ…
と、被害者に対して割と厳しい感じで…
私が遺族と会って取材を重ねるうち
当時小学生だった被害者の妹さんから
お姉ちゃんはお父さんに…
!?
被害者は実父から日常的に性的虐待を受けていたという証言を得て
やっぱり家に帰りたくない明確な理由があったんだ!!
その証言は当時まだどこも得てないスクープだったので
書くことによって遺族に迷惑がかかるという思いはもちろんあったのですが―

このままだと
今度は妹さんが
やられてしまうという
懸念から
オタ
オタ
オタ
オタ
児童相談所にも
行ったりして
悩んだ結果
じゃあその紆余曲折
全部書こうってなって…
その記事は雑誌の
年間の賞を獲ったのですが
RRR
しばらくして
遺族から
やっぱり
あれは
書いてほしく
なかった!!
憎い!!
と
責められてしまって…
書くことが罪悪感と
切り離せないことを
思い知った
象徴的な
事件でした…
記者の仕事を続けるうちに
取材対象を
どうしても
「資源」と
してしまう…
私の心に
静かに、確実に
積もっていった罪の意識は
はあ!?
何なんだよ
お前は!?
「怒り」という形で
姿を見せ始めました

あるパーティーで知り合いの女性ともめたのですが
なによ!!
その人とたまたま着ていたドレスがかぶってて…
あんたと同じ服なんか着てられっか!!
ぬぎっ
ちょっやめなさいよ!!
うるせーバカ!!
もう些細なことでも病的に怒ってしまって…
そうこうしているうちに…
あれ…体が動かない…
会社に行かなきゃいけないのに服を着るまでに8時間もかかったりして…
一週間寝たきりで無断欠勤したところで
会社に電話かけたら
歩いていける心療内科にパジャマでいいから行け
たまたま電話の相手が双極性障害にかかったことのある人で言われた通りにしました

この場で
会社に電話して
3か月休むと
言いなさい
…はあ…
そっかあたし
双極性障害
なんだ…
それで
病院からもらった
薬を飲んだら…
怒りの感情は
まあ
おさまったん
ですけど
幸福感
とかプラス面の
感情も
なくなってしまって…
何を見ても
心が動かないので
大好きな写真さえ
撮る気が
起こらなくて…
どうなってしまうか
分からない恐怖感から
薬をやめるわけにもいかず
何もしたくない状態が
ずっと続いていたんですけど…
…
うわー
汚い
部屋
だなー
10秒だけ
片付けて
みよう
かな…

あっ…ちょっぴりスッキリ…
なんだか幸せ…
まず掃除にはまって少しずつ何かしようという気になって
ウォーキングしたりホットヨガスタジオ通ったり
身体を動かして
「澄んだ気持ち」になれる方法を色々試しました
友人からすすめられたTestosteroneさんの本の「とりあえず筋トレしてみる」ヤツが勝つという檄文に背中を押され
とりあえず腹筋ローラーとかスクワットから始めたら—

おおっ!!
体力も戻って
体脂肪率も下がって
テンション爆上がり!!
筋トレを続けるために
私は自分のブログの
タイトルを
筋トレをしろ。
うつが
治るから
に変えました
毎日目にする
ものに
「筋トレをしろ」と
あれば
よし！
やるか
筋トレをいつも
意識していられるから
ところが…
ブログの読者や私の
周辺に筋トレを
始める人が続出
「メンタルが上向きに
なりました！」という
報告も寄せられ
筋肉界隈に仲間が
増えました(笑)
考え方も
変わり
ました
やっぱり
あなたとは
合わない
なーっ

以前なら感じの悪い人に出会ったとしても
「私がつまらなくさせちゃったかな…」って自分を責めてたのですが…
アハ帰りまーす
もうそういうのやめたんです
「自分を責めない」この考え方を維持するにはやっぱり体力が必要なので
これからも筋トレは続けていきたいですね！
おっ
撮らせてねー
カシャ
フフッ花粉症ですかあ？

第7章
筋トレに関する誤解と偏見を解消する

筋トレオタクの地雷を踏む5つのトピック

筋トレオタクの前で決して提起してはいけないトピック　① 使える／使えない筋肉 ② 筋トレで付けた筋肉はダメ ③ コアトレーニング ④ インナーマッスル ⑤ ジャニーズの○○君ってマッチョ――**火がつき2時間ぐらいその場で一方的なセミナーを受講する事になる**ので気軽に口になさらぬよう……。

スクワット侮辱罪で訴追される禁句

「スクワットすると脚太くなっちゃうからイヤ〜♡」というセリフ、スクワットの社会的イメージを著しく低下させ、その結果、絶滅危惧種であるプリケツ女子の減少に繋がるため法律により禁じる。見つけ次第極刑を科する。

※なお、120kg以上のバーベルを担ぐ女性に関してはこの法律は適用されない。

使える筋肉、使えない筋肉論の愚

使える筋肉使えない筋肉の話はウンザリだな。使えない筋肉なんて存在しない。ビッグ3でベースを作りクイックリフトで出力を上げアスリートの競技に合わせた反復練習を行いアジリティーも高めてやれば即効で競技力アップすると断言するよ。悪いのは筋肉もなくて使い方もわからないそこのお前だ。**謝れ。**

筋トレオタクのタンクトップにまつわる誤解

「タンクトップ着て筋肉アピールしてんじゃねーよ」と思うかもしれないが、アピールではなく筋トレ中に自分の筋肉を観察してニヤニヤするために着ている事がほとんどです。「おっさんに見せるためにミニスカ履いてる訳じゃない」という女子高生と同じです。**今後は女子高生だと思って温かい目で見守って下さい。**

プロテインを国民的おやつにすべき7つの理由

プロテイン＝マッチョ専用というイメージは間違い。プロテインは① 手軽 ② 安価 ③ 腹持ちが良い ④ 美容に良い ⑤ 太りづらい ⑥ 長期保存可 ⑦ 美味―という**国民的おやつじゃないのが不思議**というほどの実力を持ってる。普段の食生活で意識してタンパク質を摂取してない一般の方こそ、プロテインを積極的に摂取すべき。

邪魔になるほどの筋肉をつけるのは相当難しい

体脂肪でも筋肉でもいいからガンガン増量しろと言ってる訳じゃない。アスリートにとって〝除脂肪体重を増やす〟という一点だけに集中した競技であるボディビルから学べる点は多いという主張だ。**競技練習と並行して行うトレーニングで邪魔になるほど筋肉がつくなんて滅多にない**から安心して筋トレしてくれ。

Q

筋トレでパフォーマンスは上がるか

A

筋トレは柔軟性を
向上させ、ケガを予防する

――筋トレにはある種の偏見も根強くあります。例えば柔軟性が落ちる、競技には役に立たない、ケガをしやすくなる、やめると太る…などなどです。

僕がこの本を通して一番伝えたかったテーマがついにやってきました。この仕事を受けたのは、世間の筋トレに対する悪いイメージや偏見、特に専門とする「筋トレがアスリートに与える影響」についての誤解を解くためだったと言っても過言ではありません。

え？　久保君が仕事を受けたのは俺が大好きだからじゃないの？「Testosteroneさんのためならなんでもやります！　大好きです！」的な感じじゃないの？

いいえ、違います。この章は本気で語りますので、ちょっと邪魔しないでください。

はい……。（シュン）

では始めます。現代のトップアスリートの間では筋トレはもはや常識になっており、筋

トレをまったくしていないアスリートを探す方が難しいでしょう。しかし、古いタイプの運動部の指導者などを中心に「筋トレは不自然なトレーニングであり、運動パフォーマンスに悪い影響を与える」と考えている人がまだまだ多いのが現状です。中でも、**柔軟性が落ちる、選手のケガが増えるといった「筋トレ迷信」については明確に否定されているものがたくさんあります。**

――確かに学生時代の部活の顧問に「筋トレより競技の練習をしろ、走りこんで足腰を強くしろ」などと言われてそのまま筋トレアレルギーを持ち続けている人も多そうです。

スポーツ大国アメリカではアスリートと筋トレは切っても切り離せない関係にある。〝筋トレ〟が授業として選択できる学校も多く、一般生徒の多くが筋トレに取り組んでいるため、アスリートが筋トレをするのは至極当然といった風潮すらある。アメリカの学生スポーツは「シーズン制」を採用しているが、シーズンオフの時は**フィジカル強化のために競技の練習よりも多く筋トレしている連中もいる**ぐらいだ。特に体重と瞬発力がモノを言うアメフト勢とか。俺も高校の時はアメフトをしていたが、コーチから「来シーズンまでに体重15kg増やせ。ベンチは○○kg、スクワットは○○kg、デッドリフトは

○○○kg、パワークリーンは○○○kg、これクリアしてこいよ！」と**体重と筋トレの重量を指標にオフ中の課題を出されていた。**

——スポーツ観戦をしていると海外選手とのフィジカルの差を見せつけられるシーンが多いのはそういうところにも原因があるかもしれませんね…。では安心して筋トレに取り組むためにも、巷にはびこる「筋トレ迷信」についていろいろ教えてください！

では一つずつ説明していきましょう！

【迷信1】筋トレをすると体が硬くなる→ウソ

Mortonら（2011）の研究によると、ある一定期間以上（5週間以上）筋トレを続けた場合、**筋トレにはストレッチと同等かそれ以上の柔軟性獲得（膝関節、股関節、肩関節）の効果がある**ことがわかっています。これは、筋トレによって筋肉そのものの構造が変化したのではなく「ストレッチトレランス（stretch tolerance）」と呼ばれる痛みの閾値《いきち》が変化したことが要因であると考えられています。

――い、痛みの閾値？？　難しいですね…。

toleranceは「我慢、耐久力」という意味なので、筋を伸ばしたときの痛みに耐えられるようになる、つまり「慣れる」というようなイメージでしょうか。例えば開脚ストレッチを習慣的にやった場合、最初は痛くて全然開かなかった足が、慣れるにつれてだんだん開くようになっていきますよね。**ストレッチではなくて筋トレをした場合でも同じようなメカニズムで同等以上の効果が望める、**ということです。なので、筋トレをしているからといって、長期的に見て体が硬くなる心配はなく、むしろプラスの効果があるということを覚えておいてください。

筋トレをすると柔軟性がなくなる、というのは完全に思い込みに過ぎず、むしろ可動域は広がっていく。**多くの著名なボディビルダーがパフォーマンスで180度開脚を披露していることからも、筋肉と柔軟性の両立が可能であるとわかる。**トレーニーの世界では完全に常識なのだが、一般の方々の誤解をまだ払拭できていないのが現状だ。

【迷信2】ケガをしやすくなる→ウソ

――トレーニング後に筋肉痛になると、痛みで可動域が狭くなるので、体が硬くなった、と誤解してしまうという部分もありそうですね。可動域が狭くなる＝ケガしやすくなる、だから筋トレをするとケガしやすくなる、という誤解を生んでいる気がします。

今まではストレッチを行うことが障害を予防するための一番の近道だと考えられていました。しかし最近になって、**ストレッチには障害を予防する効果はあまりなく、筋トレこそが障害を予防するツールだということがわかってきました。**Hartら（２００５）及びThackerら（２００４）の総説によると、**運動前、後のストレッチは劇的にケガの発症率を低下させるわけではないということが明らかになりました。**筋トレをすると柔軟性もなくなるし、ケガも増える、というのはまったくの逆で、**筋トレをすると柔軟性も向上し、ケガも予防できる**のです。ただ、ストレッチにもリラックスや疲労回復などさまざまな効果がありますので、適宜取り入れると良いと思います。

――これは衝撃ですね！「ケガしないようにしっかりストレッチしとけよ～」とよく言われた記憶がありますもん…。

逆に**筋力の不足やアンバランスがケガを招く**こともわかっています。サッカー選手を対象にしたLeeら（２０１７）の研究では、太ももの後ろ側であるハムストリングスの筋力（バーベルを用いた単純な筋力測定ではなく、専門の機器を用いたトルク計算によって算出）が太もも前面の大腿四頭筋の筋力の50・5％を下回るとハムストリングスのケガが起こりやすくなることが報告されています。この場合、**ハムストリングスと大腿四頭筋の筋力のバランスを整える筋トレが故障を防ぐ**と言えるでしょう。ちなみに大腿四頭筋の筋力が1に対してハムストリングスが0・6―0・7くらいがベストです。

これは何もアスリートに限った話ではない。スポーツをやっている人以外でも、筋トレで筋肉をつけておくことで、ケガのリスクを減らすことができる。**普通の人ならケガしちゃうような場面でも、筋力さえあれば乗り切れちゃうかもしれない**のである。

【迷信3】 筋トレをするとスピードがなくなる→ウソ

――筋肉をつけてムキムキになると動きが遅くなるというか、敏捷性がなくなる、というようなことが言われることもあります。

筋肉の量と出力は基本的に正の相関がある。つまり原則的には筋肉をつければつけるほど出力は上がる。もちろん、各スポーツに適した体重や体脂肪率、ボディバランスというものがあるので筋肉をつければつけるほど良いというわけではないが、**筋トレがスピードを殺すというのは誤りだ。**適切な筋トレと筋肉量はスピードを上げる。陸上の１００ｍの選手をマラソン選手と比べてみるといいだろう。１００ｍ選手の方はマラソン選手に比べ筋骨隆々であることに気付くはずだ。筋肉がないほうがスピードが出るというなら、彼らはあんな体にはならない。

――確かに全盛期のボブ・サップの動きはすごかったですし、力士のスピードも生で見るとびっくりしますからね…。

筋肉がつくとその分体重が増えるので、マラソンやクロスカントリーなど長距離を走る競技をしている人にとって必要以上の体重増加は、競技力の低下につながる場合があります。でも、**筋トレによる体重増加は有酸素運動と筋トレを組み合わせることによって抑制できる**ことも明らかになっています。この現象は「インターフェアレンス効果」と呼ばれていて、そのメカニズムの複雑さ故に業界内でも大きな注目を集めています。

筋肥大に関してはカロリーコントロールやトレーニングの質（神経系を鍛えるのか、筋肥大を目指すのか等）も関係するし、必ずしも筋トレ＝筋肉がついて体重増加ではないしな。この辺は独学では難しいので、プロの指導者に師事するのをオススメする。日本ではそういったプロの指導者の方々が適正な評価と給与を受け取れていないと感じるので、なんとかしたいとも思っている。久保君、頑張ってモデルケースになってくれ。日本のプロスポーツは、フィジカル強化でもっともっと強くなれるだろう。

【迷信４】筋トレで付けた筋肉は使えない？　↓目的を無視した筋トレは競技力向上を妨げる可能性がある

「走り込みが正義だ」っていう野球界や、「筋トレの動きは不自然なので筋トレでつく筋肉は競技では使えない」とか言う指導者の人が実に多い。もちろん競技にもよるが、ビッグ３やクイックリフトはもっとも効率的なフィジカル向上の方法だし、フィジカルがモノを言うスポーツでは避けて通れないと思うのだがまだまだ普及率が高いとは言えない。**自分が指導できない、自分が知らない領域だから筋トレなんて必要ないと言っている指導者も多い気がするなぁ。**もったいない。

実は取り組んでいる競技によって筋肉の質が違うという調査はあります。Meijerら（2015）の研究によると、ボディビルダーの筋線維あたりの力発揮、パワー発揮は他のパワー系競技のアスリートの筋線維あたりのそれよりも有意に小さいことがわかっています。しかも、Pareja-Blancoら（2017）によると無理に追い込むようなトレーニング（最大時の40%まで速度が低下）をすると、筋肉のタイプが瞬発型から持久型へ変化（タイプ2xから2aへの変化：いわゆる速筋から遅筋へ変化するわけではなく、速筋の中でも遅筋寄りの速筋になってしまう）してしまう可能性があることが明らかになっています。なので、瞬発的な競技をしている方は、やみくもに追い込めばいいというわけではなくて、目的に合わせてトレーニングの様式を変化させるのがいいでしょう。

ボディビルでは筋力よりも「いかに軽い重量で関節や体に負担をかけず対象筋に刺激を与え肥大させるか」が大切だったりする。高重量を扱うのも良いが、筋肥大の一番の敵はやっぱりケガやオーバーワークだから軽い重量で肥大させられるならそれに越したことはない。そういった**明確な目的を持ってトレーニングをしているボディビルダーに対して「使える筋肉、使えない筋肉」とか言うのはナンセンスな話だよね。**

【迷信5】筋トレをすると風邪をひきやすくなる?→本当

——筋トレを激しくやっているトレーニーは風邪を引きやすいなんていう話もあります。

驚くことに、激しい運動をしている人は風邪などにかかるリスクが一時的（数日間）に通常の2—6倍になってしまうというデータがあります。これは「オープンウインドウ説」と呼ばれていて、免疫力という観点から見た場合に激しい運動が推奨されていない理由の一つになっています（P187グラフ）。ですので、大事な試験やイベントが近いときは、激しい筋トレや運動を一時中断して、程よい強度の筋トレや運動に切り替えてみるのもアリだと思います。

——激しい運動をすると免疫力が落ちて、まるで自分の家の窓を開けっぱなしにしているかのような状態になって、ウイルスとかが入ってきやすくなっちゃうということですね！　めっちゃわかりやすい。

この原稿書いてるとき、久保くん体調不良で2—3日寝込んで

激しい運動後に生じる一過性の免疫抑制状態

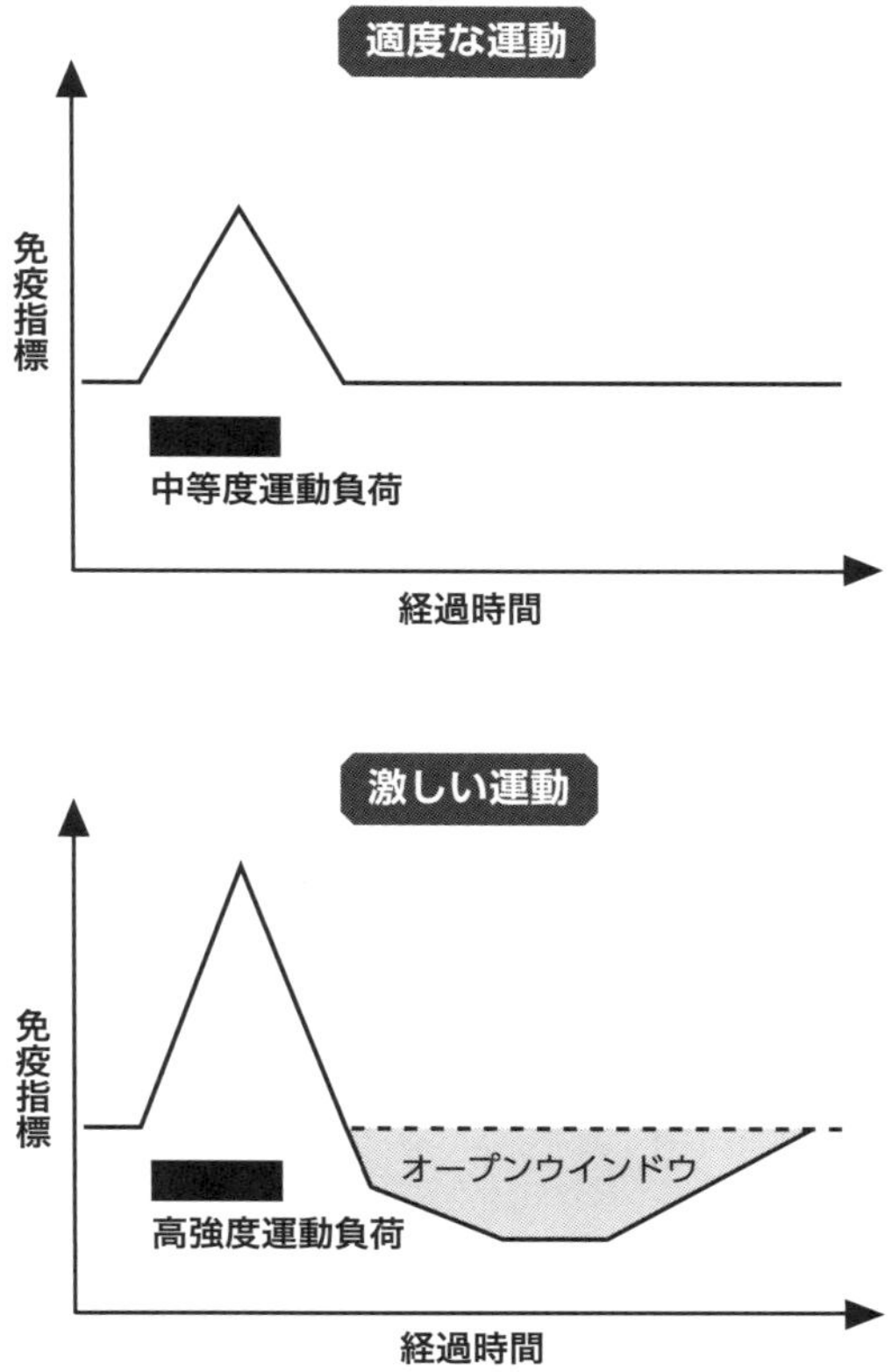

（pedersen,et al. 1998を基に再構成）

たもんね（笑）。

【迷信6】プロテインは太る？→ウソ

――プロテインを飲むと太る、筋トレをやめると太るという俗説についてはどうでしょうか？

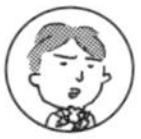

これもよく言われていますが、何事も「しすぎ」は体に良くないので、プロテインも摂りすぎれば太るでしょう。ただ「プロテイン」は「タンパク質」を英語にしたもので、牛乳や大豆、牛肉などいろんな材料を精製して粉末状にしたものです。そこにいろいろなビタミンや甘味料を加えて出来上がったものがいわゆる「プロテインパウダー」なので、特別な食品ではありません。プロテインは炭水化物や脂質をほとんど含んでおらず、無駄なカロリーを摂取せずタンパク質を手軽に補給したいという人にとっては強い味方となります。ちなみに、**プロテインの摂取で腎臓がやられてしまう、というのも根拠がないので気を付けましょう。**

筋トレをやめると筋肉が脂肪に変わって太るなんていう俗説もあるが、ありえない。筋肉は脂肪に変わらない。痩身エステとかで「まずは体脂肪を落としてから筋肉をつけないと、筋肉と体脂肪がミルフィーユ状に重なってしまい美しいボディラインが出ないのでまずは体脂肪を落としましょう」なんていう**とんでもない説**が語られることがあるようだが、完全なる嘘なのでそんなこと言うお店にあたったらそっと離れましょう。

【迷信7】筋トレをすると身長が伸びなくなる?→根拠なし

——あまり小さい頃から筋肉をつけると身長が伸びなくなる、という話も聞いたことがあります。確かにトップクラスのボディービルダーやパワーリフターは比較的小柄な人が多い印象もありますね。

今の所の僕の知識では、年齢が若い頃に筋トレをすることが身長の伸びを止めてしまうといった論文は見たことがありません。しかし、身長が低い人はそのコンプレックスから(僕も含めて)筋トレにハマっていく傾向があるように感じます。さらにウエイトリフティングなどの競技では、その競技特性で小柄な選手が有利なことがあるので、そ

ういうところから「筋トレ↓身長伸びない」という風潮が生まれているのだと思います。

――筋トレについての思い込みや偏見はなかなか根強いものがありますが、かなり疑問点が解消された気がします。

この分野を研究している身からすると、一概に「この筋トレをするとこれに効果があって、これをやるといい」と断言することはできません。というのも、何が正しいのかまだわからないからこそ、世界中で研究が続けられているからです。ですので、パフォーマンス向上のために筋トレに取り組む上で、これを心がけたらいいのではないか、という点をトレーナーの視点からお話しさせてください。

①全可動域で

極端に浅いフォームでトレーニングを行ってしまう人を多く見かけます。その気持ちもわかりますが、トレーニングでしか与えることのできない刺激もありますので、全可動域を使ってしっかりと筋に刺激を与えてあげましょう。スクワットならしっかりとしゃがみ込む、ベンチプレスならきちんと胸まで下ろすことを意識してください。**スクワ**

ットを全可動域で行うと、そうでない場合より脚全体の筋肉がバランス良く筋肥大を起こす、なんていうことも研究でわかっています。

②無理のないフォームで

正しいフォームでとは言いません。何が「正しい」のかわからないし、目的によってその「正しい」は異なるからです。ですが、自分のキャパシティーを踏まえ、無理のないフォームで行うことは誰でもできます。初心者でも上級者でも、無理のない重量、フォームで行うことがパフォーマンス向上への近道です。特に男性諸君、気をつけて！**（見栄を張りすぎないように！）**

③速度を意識してみる

先ほど紹介したPareja-Blancoら（2017）の研究でも触れましたが、無理に追い込むと筋組織が変化してしまう可能性がありますし、スクワットを疲労した状態で行うと腰部に負担がかかってしまうことも明らかになっています。無理な重量で追い込むトレーニングは時代遅れになりつつあります。最近では速度を重視したトレーニング（Velocity Based Training）が台頭してきており、**追い込む場合と速度に余裕を持って**

終わる場合では、余裕を持って終わった方が筋力の増加が大きいことも明らかになっています。なので、**速度を意識できていれば、10回できる重さを6—8回で終わらせても十分な効果が得られます。**「ノーペイン、ノーゲイン」の時代はもう終わったのかもしれません。

筋トレ始めたばっかりの頃に聞きたかった良いアドバイスだなぁ（しみじみ）。

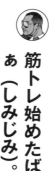

実録漫画
CASE5

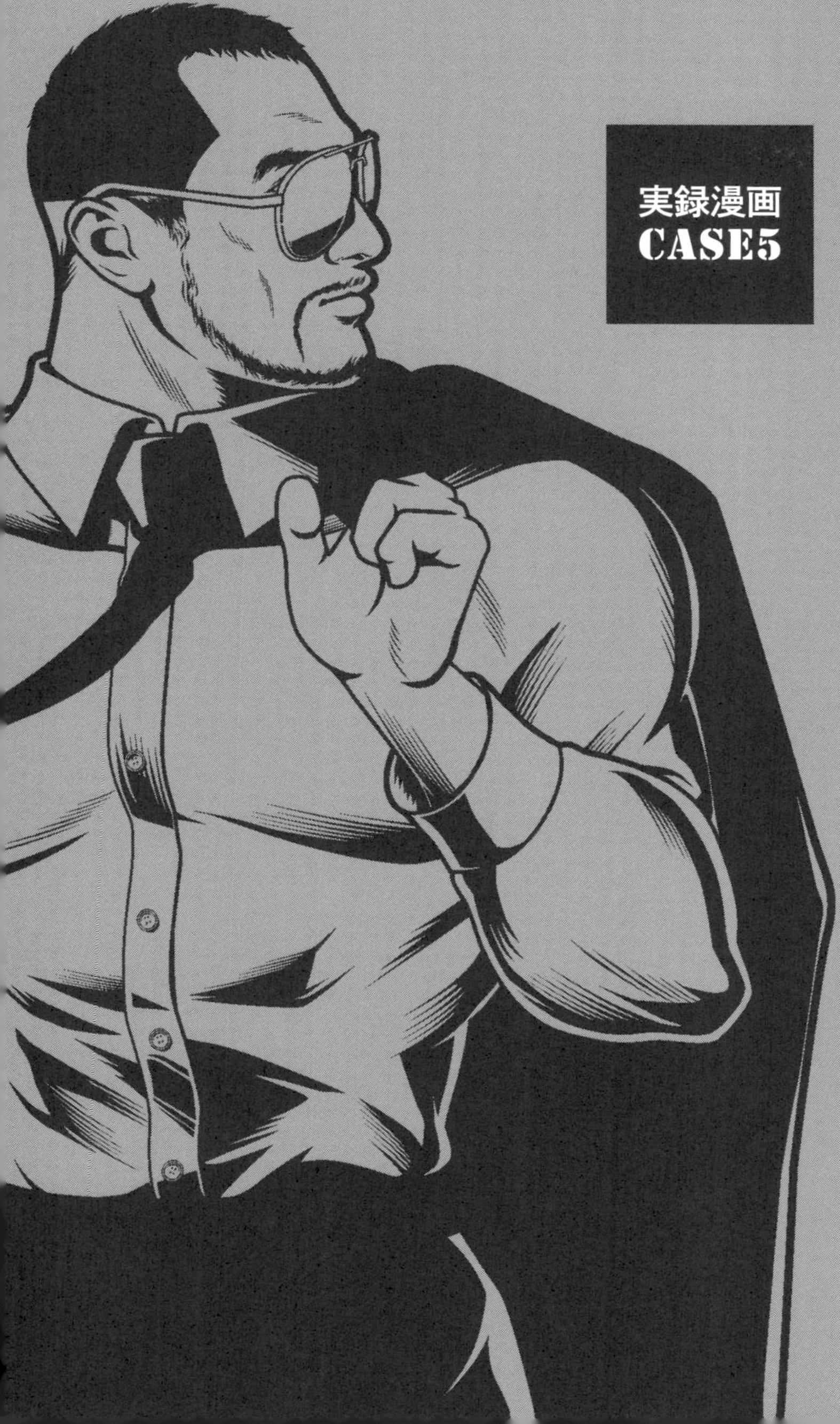

いつも弱気だったピッチャーを生まれ変わらせたもの

野球選手
久保田啓介さんの場合

福島・ヨーク開成山スタジアム
福島ホープス
×
武蔵ヒートベアーズ
2017年9月10日
この日
岩村
岩村
ヤクルトや
メジャーリーグでも
活躍した福島ホープス
岩村明憲選手の
引退を
球団創設以来最多の
観客が見守る
その陰で
もう一人
マウンドを去る
選手がいた…
39
久保田啓介
この漫画の主人公である

野球は小4から始めましたが
常にレギュラーだったわけではなく
中学高校と
ほんとどこにでもいる
平凡なピッチャーでしたね…
大学でも
せいぜい3番手どまり…
とにかく不器用で
センスのある人間に
先を越されてはよく
たのんだぞ!
はい!
悔しい思いばかり
していました
くそ!!
何でこんなに
努力してるのに
レギュラーになれないんだろう…
もう野球やめようかな…
根っからのネガティブ思考で…

朝目覚めると
なんで生きてるんだろう…
っていつも考えてました
試合に出られたとしても打ち込まれると
だめだ…終わった…
もう気持ちで負けてしまっていて…
GYM
そんなときに
球速を上げる目的で
筋トレを始めました
体重も10キロ増え球速も上がったのですがそれ以上に

マウンド上での性格が
180度変わりました！
たとえ打ち込まれたとしても
フゥ
ゆっくり周りを見渡して
この中に
オレ以外に

デッドリフト200キロ上げられる奴いないだろ？って
そう思ったら多少のことでは動じなくなったんです
筋トレの醍醐味は数値化です
数値が自信につながるのです
バ
ス
私は自信を手に入れました
前は相手がケンカ腰できたら
すみませんって感じだったのが

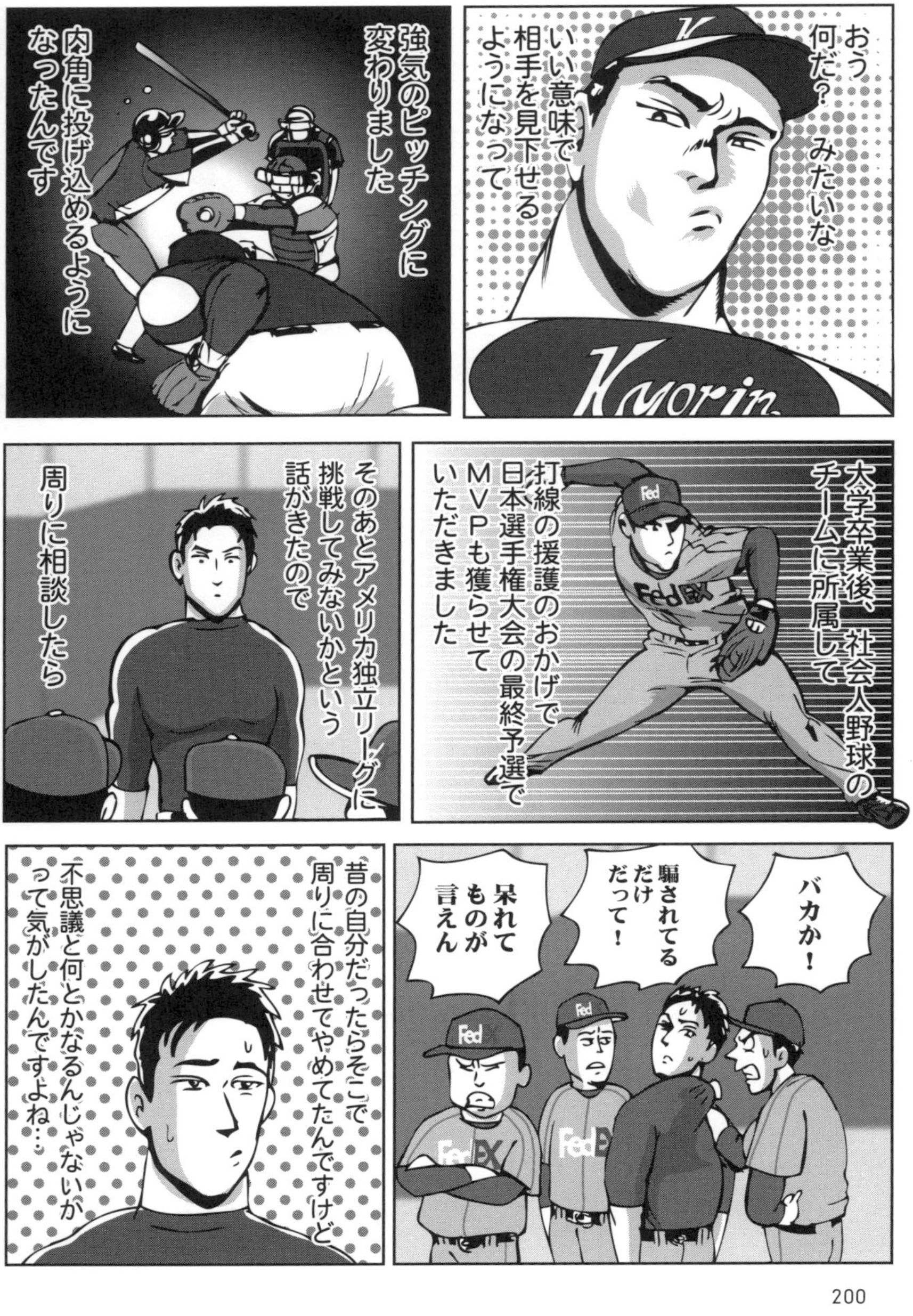
おう
何だ？みたいな
いい意味で
相手を見下せる
ようになって
強気のピッチングに
変わりました
内角に投げ込めるように
なったんです
大学卒業後、社会人野球の
チームに所属して
打線の援護のおかげで
日本選手権大会の最終予選で
MVPも獲らせて
いただきました
そのあとアメリカ独立リーグに
挑戦してみないかという
話がきたので
周りに相談したら
バカか！
騙されてる
だけ
だって！
呆れて
ものが
言えん
昔の自分だったらそこで
周りに合わせてやめてたんですけど
不思議と何とかなるんじゃないか
って気がしたんですよね…

社会人チーム辞めて
行きましたよ、
アメリカ
結局目標は
達成できなかったん
ですけど
あのときの決断に
まったく悔い
はないですね…
その後ご縁があって
武蔵ビートベアーズに
入団させて
いただいたのですが
HOPES
HOPES
なかなか
思うような
結果を残せず…
ワァァァァァ
岩村
ーっ!!
岩村
ありがとー
岩村
ーっ!!
HOPES
KUBOTA
39
あの試合を最後に
マウンドを去る
決意をしたのです
39

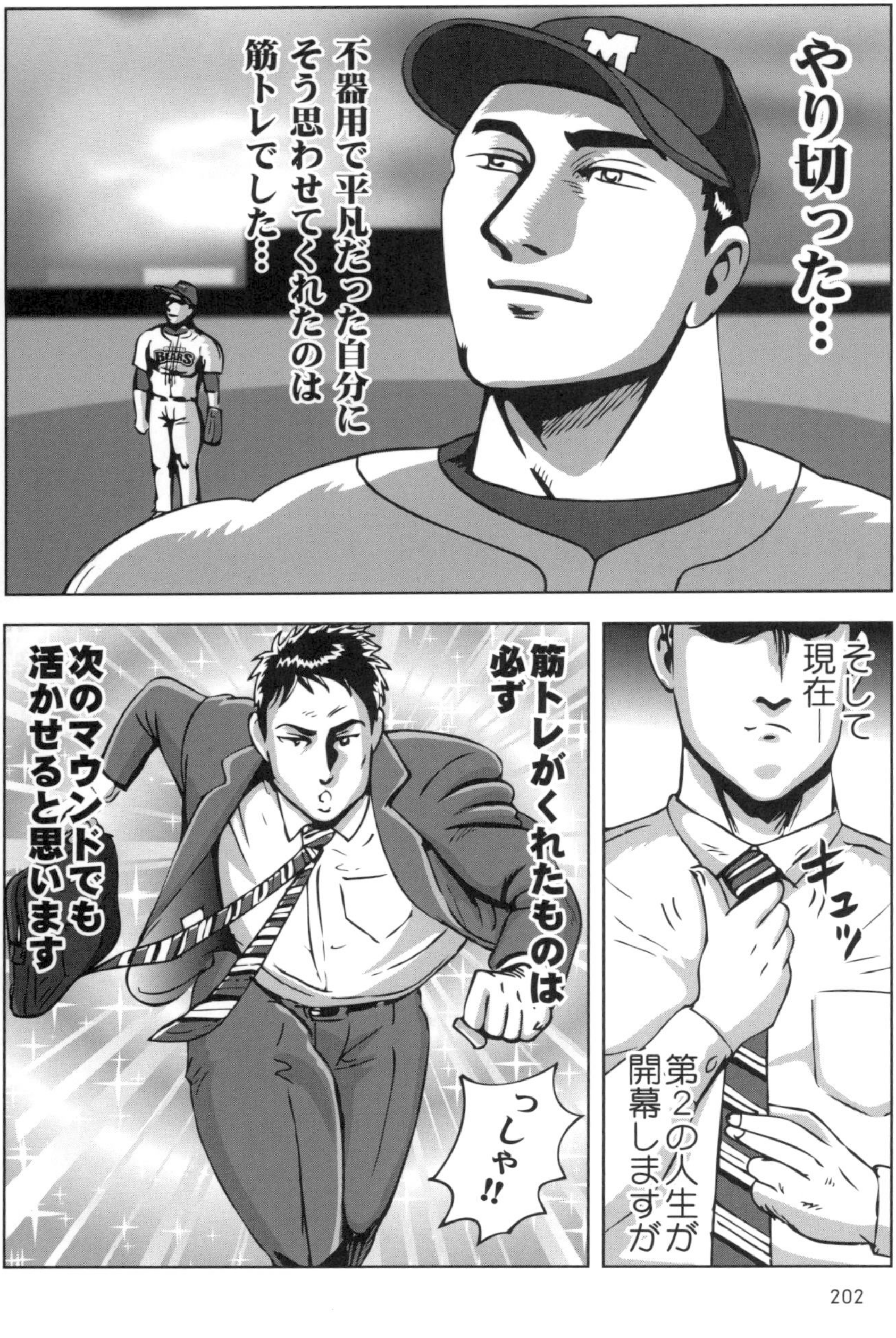

やり切った…
不器用で平凡だった自分にそう思わせてくれたのは筋トレでした…
そして現在—
キュッ
第2の人生が開幕しますが
筋トレがくれたものは必ず
次のマウンドでも活かせると思います
っしゃ!!

第8章
自信がない人は筋トレをしろ

筋トレで自信がつく5つの理由

自信がない人は筋トレをして下さい。

① 身体がカッコよくなる

② 異性にモテる

③ テストステロンというホルモンがあふれて気分上々

④ **上司も取引先もいざとなれば力ずくで葬れると思うと得られる謎の全能感**

⑤ 恋人に裏切られてもバーベルがいるという安心感

以上の理由から自信がつきます。

筋トレが教えてくれるシンプルな真理

「人は変われる」というシンプルで大切な原理を筋トレは教えてくれる。新しい刺激を与えれば人は成長し続けるのだ。**体を物理的に進化させる事すら可能なんだから性格やその他の能力だって努力次第で必ず変えられる。**変われない人間など存在しない。今ダメだからって君の未来もダメな理由にはならない。

メンタルが弱い原因はフィジカル

どうしたらメンタル強くなりますかってんなもん筋トレなり格闘技なりして「文句あんならぶっ飛ばしてやるから直接かかってこい」って思えるぐらいフィジカル強くしたら勝手に強くなるよ。**メンタルはフィジカルの表面。フィジカル弱けりゃそりゃメンタルも弱いよ。**考えるな。体を鍛えろ。筋肉をつけろ。

悪口陰口は暇人のやる事

悪口陰口嫌がらせ、全部暇人のやる事だから気にすんな。プライベートも仕事も絶好調で超ハッピーな人がわざわざ他人の事チェックしてケチつけねーだろ？　自分がうまくいってなくて不幸で暇な奴が悪口陰口嫌がらせなんてするんだよ。**「おう暇人！お疲れ！」**って思っときゃいい。相手しても損するだけだ。

筋トレで ブレない自信をゲットする

筋トレはブレない自信を与えてくれる。挙がらなかったベンチプレスが挙がった。二度と拝めないと思っていた腹筋が目視できた。**そうした成長を続け自分の限界を打ち破り続けた結果、ブレない自信が手に入る。**「不可能なんてなくね?」という自信が生まれる。その自信は人生の他分野でもそのまま使える。

うるさい奴は怖くない

ギャーギャーうるさい奴は怖くないんだよ。うるさい奴らなんて相手を威嚇して自分の力を必要以上に大きく見せないと不安でたまらない臆病者か、かまってほしいからちょっかい出しちゃうかまってちゃんだ。ビビる必要なんて一切ない。**本気の奴は黙って背中からぶっ刺しにくるよ。**うるさい奴はほっとけ。

筋トレで他者承認が自己承認に切り替わる

〝他人にどう見られるか〟を気にすると不幸になる。**幸せな人生を送るには他者承認から自己承認に切り替える必要がある。**方法は簡単。筋トレだ。日々変わる体型体重、身体能力の向上等が視覚や数字で確認でき、成長を如実に感じる事ができる。自分で自分を評価するクセがつく。筋トレは救いの道なのだ。

やりがいや達成感はつらさの先にある

たとえその行動がつらくて**やる気が起きなくてもやれ。やる前は気が進まなくてもジムで筋トレして後悔する人、山登って山頂で後悔する人、マラソン完走して後悔する人はいない。**やり甲斐や達成感はつらさの先にあるから価値が増すんだ。つらけりゃつらいほど価値が増す。つらいプロセスこそ感謝して笑顔でやっちまえ。

思うがままに生きるべき
絶対的な理由

頑張る↓意識高過ぎ
頑張らない↓もっと上を目指せ
結婚する↓人生の墓場
結婚しない↓さっさと結婚しろ
正義感が強い↓良い子ぶるな
正義感がない↓良識ないのか
発言する↓でしゃばるな
発言しない↓意見を言え
ケチつけてくる人は何してもケチつけて
くるので思うがままに生きましょう。

君は君のやるべき事をやれ

批判？　バカにされる？　笑われる？　悪口陰口？　んなもん好きにさせたらいい。ほっとけ。**他人が何言おうと努力が無駄になる訳じゃないし、実力が下がる訳じゃないし、得た物が奪われる訳でもない。**痛くも痒くもねーんだよ。「不毛な事に時間使ってお疲れさん」と思っときゃいい。君は君のやるべき事をやれ。

Q

筋トレをするとなぜ自信がつく？

A

筋トレは「人は変われる」ということを教えてくれる

――筋トレをしている人は基本的に自信満々で、ポジティブな人が多い印象です。

筋トレを行っていると自分に対する評価が高くなる、という研究があります。Velezら（2010）は16歳前後の男女28名を対象とした調査を行いました。その研究では、男女を筋トレをする群とそうでない群に分け、筋トレをする群では12週間、週に3回の筋トレ（ベンチプレスやスクワットなどを10―15回、2―3セット）を実施しました。その結果、筋トレをした群は**筋力が向上しただけでなく、自分自身と自分の体に対する自己評価がトレーニングをする前と比べて有意に向上した**のです。

自分自身と自分の体に対する自己評価が向上した＝自信がついたと解釈しても問題ないだろう。さらに、この研究からは筋トレをすれば筋トレをしない場合と比べ筋力が向上することもわかる（当然ではあるのだが）。**俺に言わせればこの筋力の向上が何よりも重要だ。**読者の皆さんの中に、自信がなくて堂々と振る舞えなかったり、他人にどう思われるかばかり気にしてしまう人はいないだろうか？　俺はそういった人から「メンタルを強くするにはどうしたらいいですか？」と相談を受けるたびにほぼ毎回同じ回答をしている。**「筋トレしろ」と。**俺を信じろ。筋トレして「文

句あんならぶっ飛ばしてやるから直接かかってこいや」と思えるぐらいフィジカルが強くなれば堂々と振る舞えるし、他人の目なんて気にならなくなる。**弱いのはメンタルではなくフィジカル**なのだ。メンタルなんてフィジカルの表面に過ぎない。ということで、考えるな。筋トレしろ。

――な、なるほど（笑）。先ほどの研究では被験者が16歳前後と比較的若いですが、大人でも筋トレをすれば自信がつくのでしょうか？

大人を対象にした研究で、こんなものもあります。Heiestadら（２０１６）は18歳から65歳の肥満気味（ＢＭＩが25以上）の女性１４３名をＡ群（ボディパンプという筋トレプログラムを行う）、Ｂ群（パーソナルトレーナーをつける）、Ｃ群（自己流で筋トレをする）、Ｄ群（何もしない）に分けました。12週間、週に3回それぞれのプログラムを行った結果、「1年前の自分と比べて、今のあなたの健康をどう評価しますか？」という質問に対して、Ｂ群及びＣ群が何もしない場合と比べて有意に高得点を示しました。

面白いのは「自己流で行う群」の得点も高くなっていたことです。言い方が悪くなりますが、筋トレの成果が出ていなかったとしても、筋トレを行っていると自分に対する評

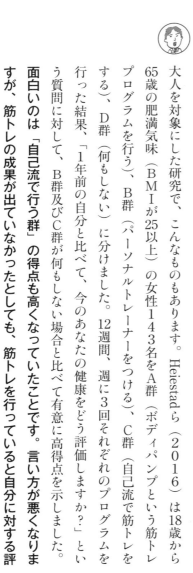

価が高くなる、ということになります。

筋トレは数字（体重や扱う重量）、視覚（鏡に映る自分の体）、他者からのフィードバック（「痩せた？」「筋肉ついた？」）で成長が如実に感じられるから**自己満足がすごく得やすい**んだよね。重たいものを持ち上げる、汗をかくっていう行為自体もすごく達成感あるし。**たとえ自己満足だとしても、自分に対する評価が高くなるのなら万歳だ。**自分に対する評価が低い人は是非筋トレしてみてほしい。

——筋トレでいい体になることで自信がつく、という以外に、筋トレをした／しているという満足感だとかうれしさだとかも自信につながっているのかもしれませんね。

昔を思い出すなぁ。俺も筋トレ始めたとき、3日目ぐらいで**「お？　腕太くなってきた？」（なるわけがない）**とか「ジムでストイックにトレーニングする自分、超カッコいいんですけど！」（完全なる自己満足）ってなってたもん（笑）。

ちなみに、高齢者を対象とした研究でも筋トレでポジティブさが増した、という趣旨の

ものがあります。Ericsonら（2017）は32名の65歳以上の女性を対象に、筋トレ（スクワット、レッグエクステンション、レッグプレス、シーテッドロウ、プルダウンなど）がポジティブな感情に対してどのような効果があるのかを調べました。その結果、**筋トレをしていたグループの方が統計的に有意に「希望」が増加し「ネガティブな気持ち」を指し示す指標は有意に低下していました。**

聞きましたか？ **筋トレで増すのは「希望」と「筋肉」、減るのは「ネガティブ思考」と「贅肉」。**研究からもわかるように、筋トレをすればポジティブな気持ちが増し、ネガティブな気持ちが減る。どうしてもネガティブ思考になってしまう、性格が暗いので明るくなりたい、という人は是非筋トレという手段を試してみてはいかがだろうか？ 明るくポジティブでいたほうが人生楽しいぞ！

――筋トレをすると、自己評価が高まり、自分に自信が持てるようになる、というのはよくわかりました。ただ、そうすると自信満々でちょっと優しくないというか、攻撃的な人間になってしまう心配はありませんか？

実は真逆の研究結果があるんです。The prison journalという雑誌に掲載されたWagnerら（１９９９）の研究では、テキサス州にある各刑務所の受刑者２０２名を８週間筋トレをする群１１６名と、筋トレをしない群86名に分け、攻撃的な態度（言動）、怒り、敵意に関する指標を3回に分けて測定しています。その結果、**特に攻撃的な態度に関する指標が筋トレをした群では8週間後に大きな低下を見せ、怒りと敵意に関する指標も減少傾向を示しました。筋トレは相手を傷つけてしまうような攻撃性を下げる、と言えるのです。**

はっはっは。**ついに俺の「上司も取引先もいざとなれば力ずくで葬れると思うと心に余裕が生まれ落ち着いた対応ができる」説が証明されたな！** 研究でもわかるように、筋トレをして強くなると態度がデカくなったり攻撃的になったりするどころか攻撃性が和らぐのだ。勘違いしている人が多いが、**実は強ければ強いほど余裕があるから優しく落ち着いた対応ができる。**弱くて自信がないから攻撃的になったり、相手を威嚇して自分の力を必要以上に大きく見せないと不安でたまらなくなったりする。筋トレして皆の攻撃性が下がれば、世界はもっと平和になるな。

研究により筋トレすれば攻撃性が下がることは証明されていますが、原因は明らかにされていません。自尊心が増したことやストレスが軽減したこと、様々な要因が絡み合って攻撃性が下がったのでしょう。よって、「上司も取引先もいざとなれば力ずくで葬れると思うと心に余裕が生まれ落ち着いた対応ができる」説が一因である可能性は否めませんが、この研究では証明できません！　**Testosteroneさん、あなたは間違っています！　謝ってください！**

（ニコニコ）

？・？・？

——久保さん！　頭の中で葬られてますよ！

今マウントポジションから腕ひしぎ十字固めに移行する大事なところだから邪魔しないで！

実録漫画
CASE6

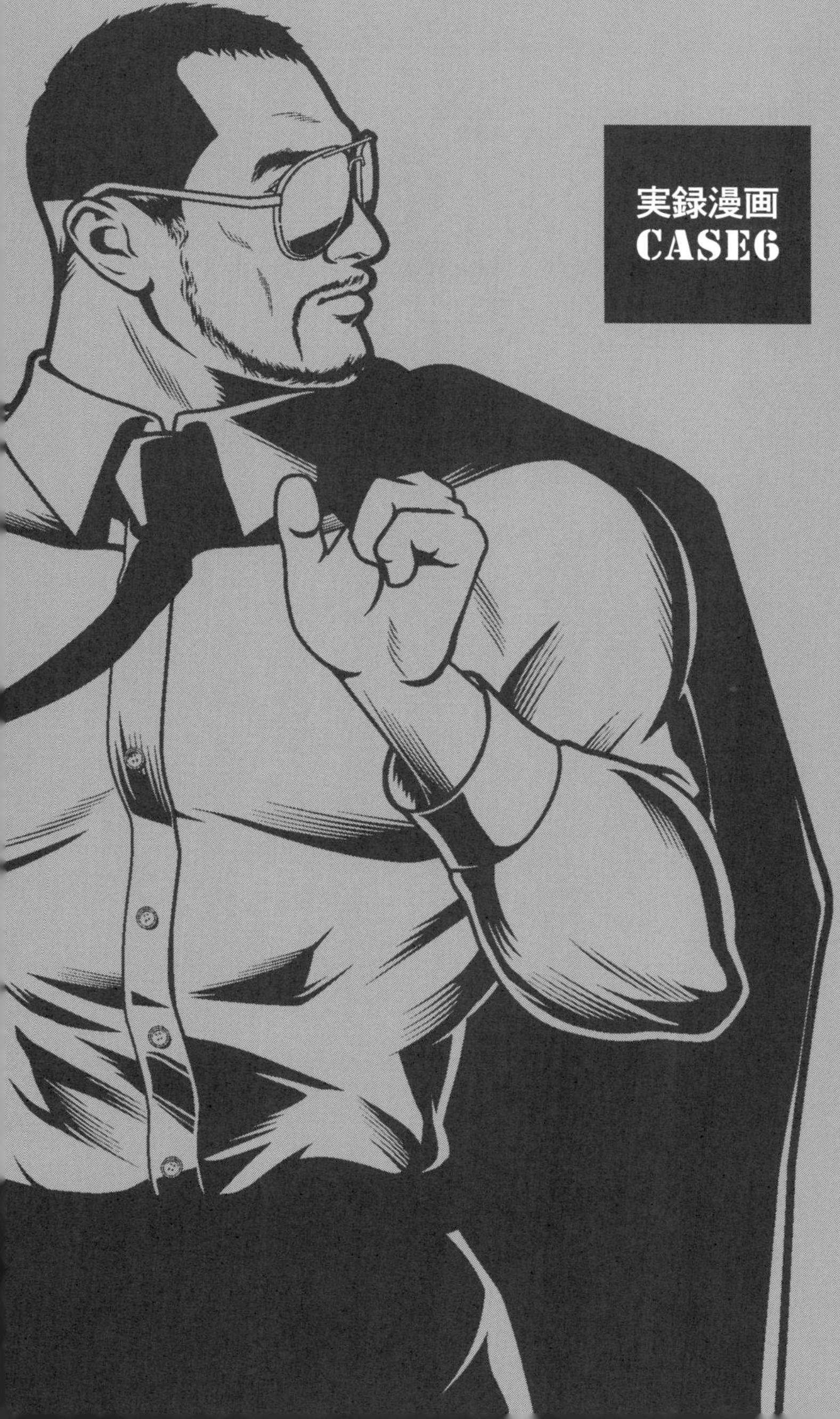

人間関係に挫折した私が見つけた筋トレという魔法

看護学生
有紀さんの場合

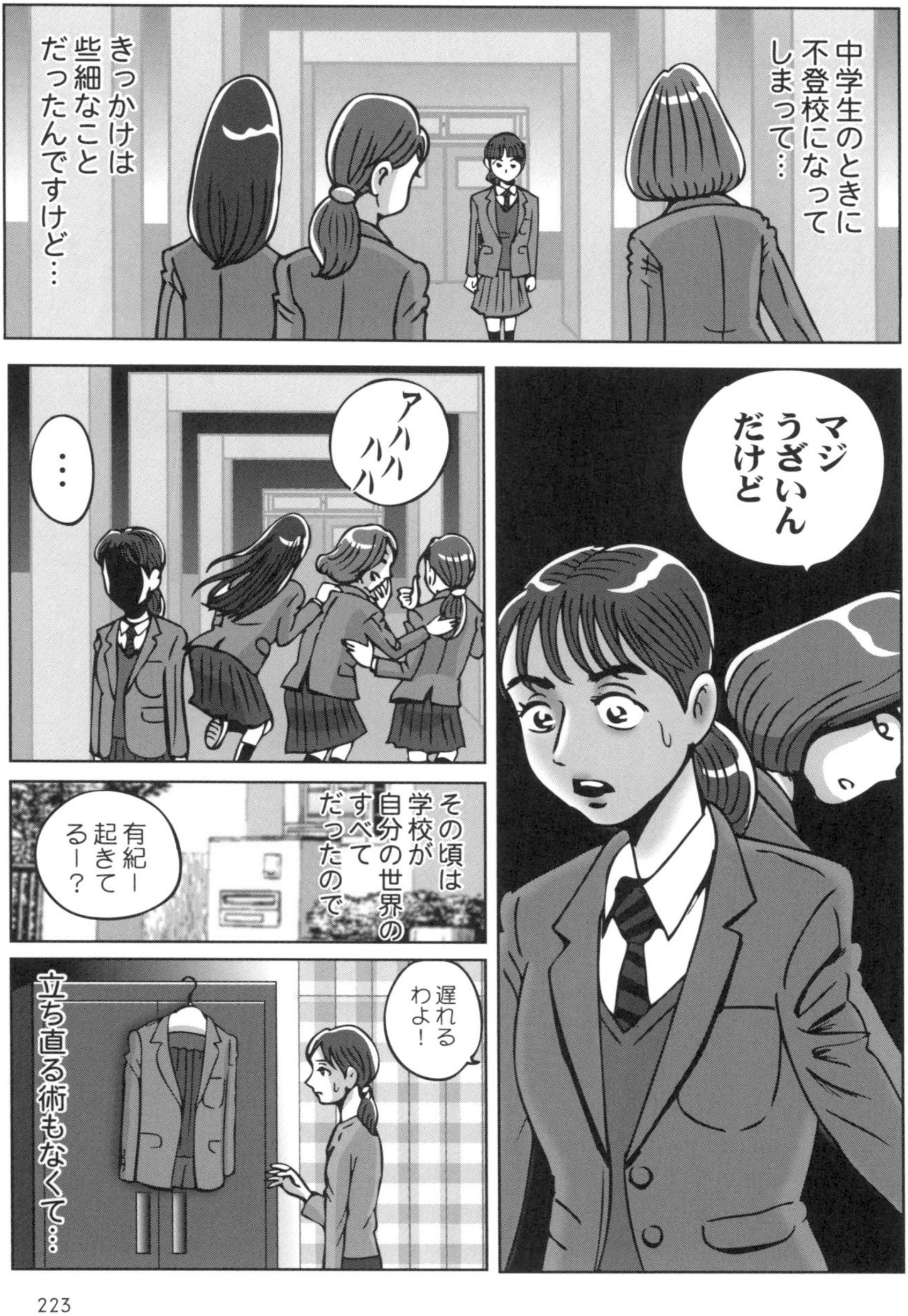
中学生のときに不登校になってしまって…
きっかけは些細なことだったんですけど…
マジうざいんだけど
アハハハハ
…
その頃は学校が自分の世界のすべてだったので
有紀ー起きてるーー？
遅れるわよ！
立ち直る術もなくて…

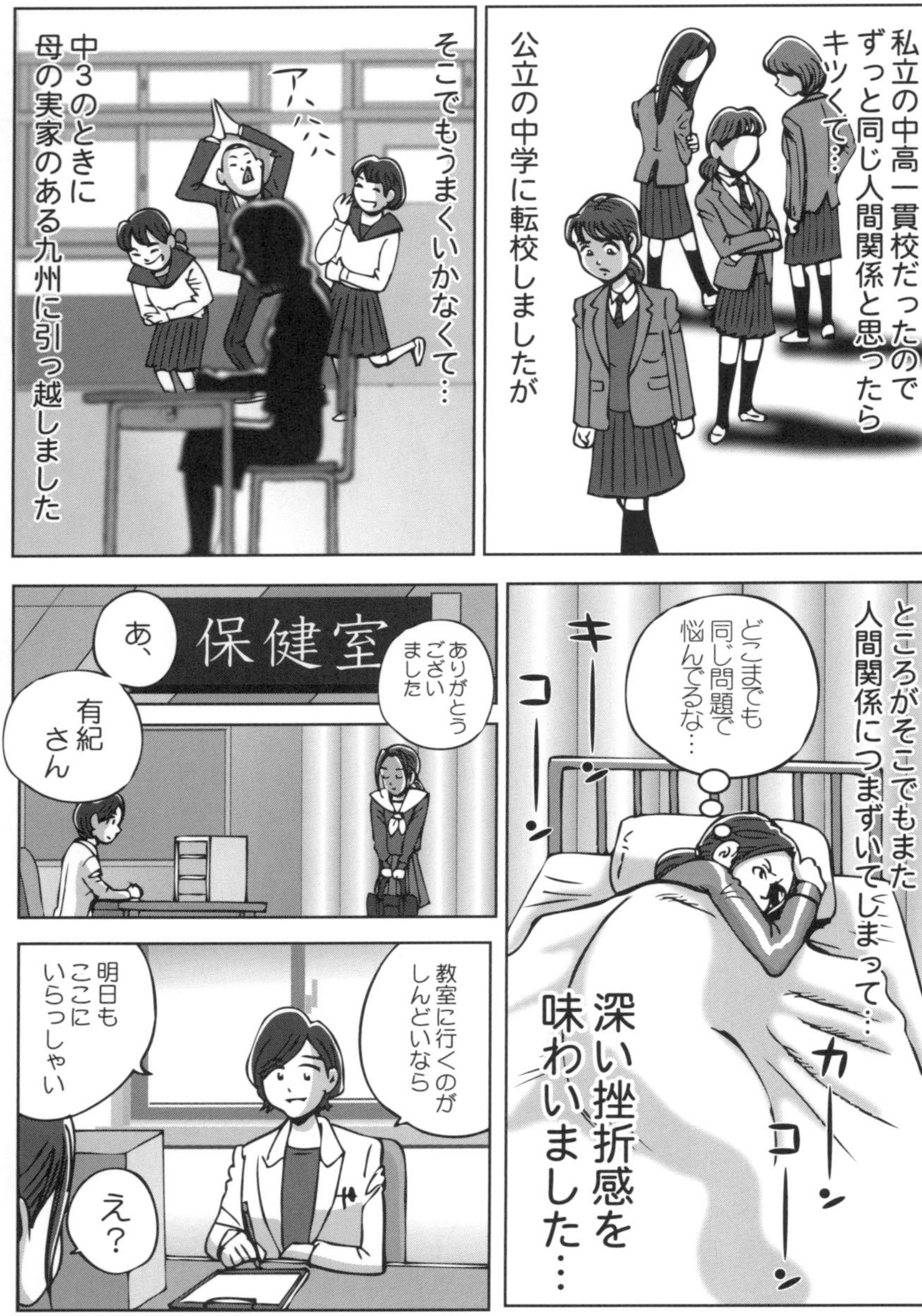
私立の中高一貫校だったので
ずっと同じ人間関係と思ったら
キツくて…
公立の中学に転校しましたが
そこでもうまくいかなくて…
アハハ
中3のときに
母の実家のある九州に引っ越しました
ところがそこでもまた
人間関係につまずいてしまって…
キーーン
コーーン
どこまでも
同じ問題で
悩んでるな…
カーン
コーーン
深い挫折感を
味わいました…
ありがとう
ございました
保健室
あ、
有紀
さん
教室に行くのが
しんどいなら
明日も
ここに
いらっしゃい
え？

保健室だって立派な学校なんだから
！
はい…
保健の先生とか看護師さんとか
人を助ける仕事っていいな…
それで看護を学ぶなら東京だ！って
高校卒業後東京の看護学校へ進みました
が

そこでもやっぱり周囲になじめず…
気持ちが沈んだとき救いを求めてネットサーフィンしていたら
！
Testosteroneさんの筋トレ語録にたどり着いて…
"死ぬ気じゃねえ殺す気でやれ"
"世の中の99%の問題は筋トレとプロテインで解決します"
"上司も取引先もいざとなれば力尽くで葬れると思うと得られる謎の全能感"
"人生も筋トレもネガティブをフル活用すべし"
もう刺さって刺さって刺さって…
筋トレで悩みが解決するならやってみようって近所にある区のスポーツセンターに行ってみました。
うわー重い…

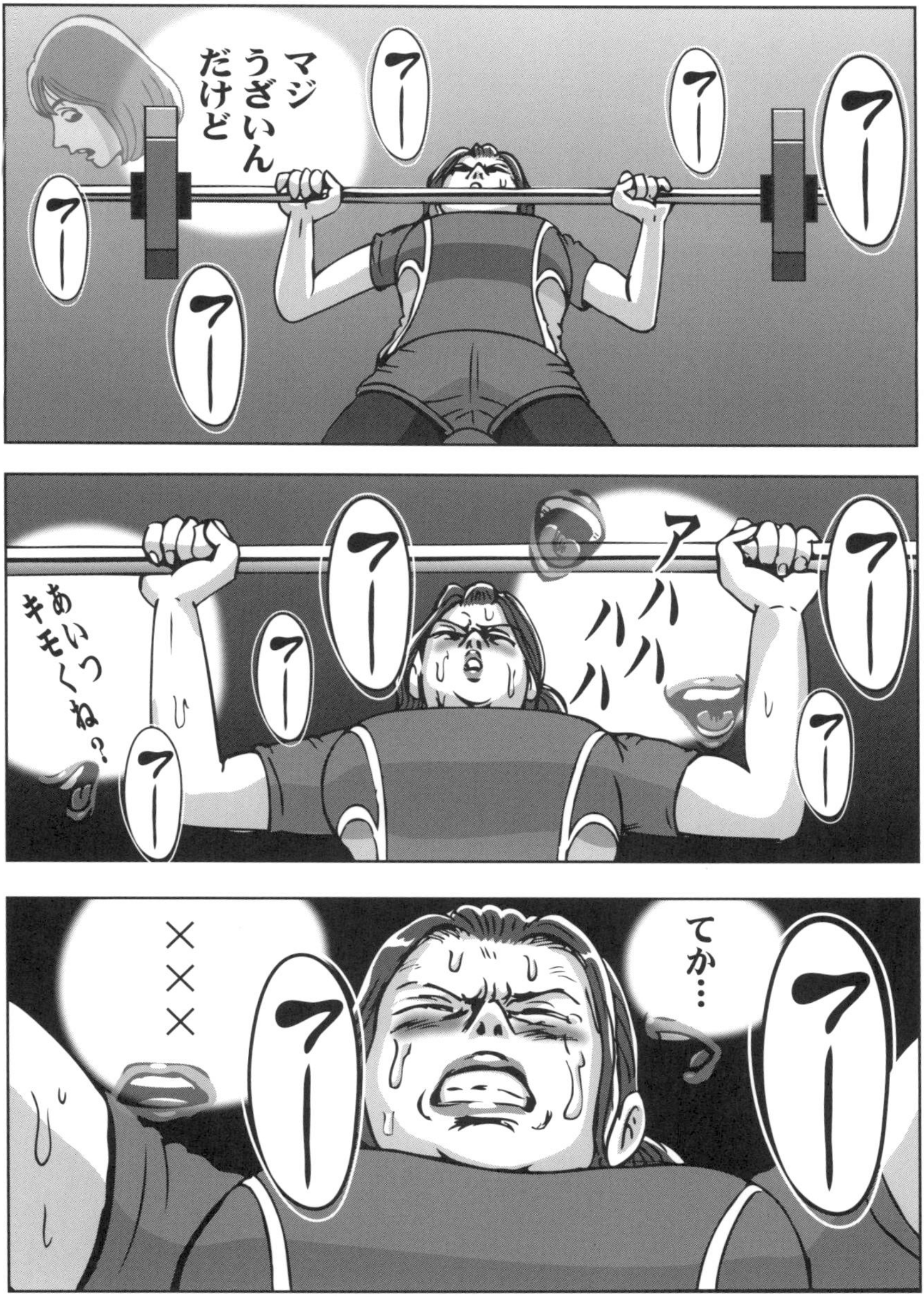
フー
フー
マジ
うざいん
だけど
フー
フー
フー
フー
アハハハハ
フー
フー
フー
あいつ
キモくね？
フー
てか…
フー
×××

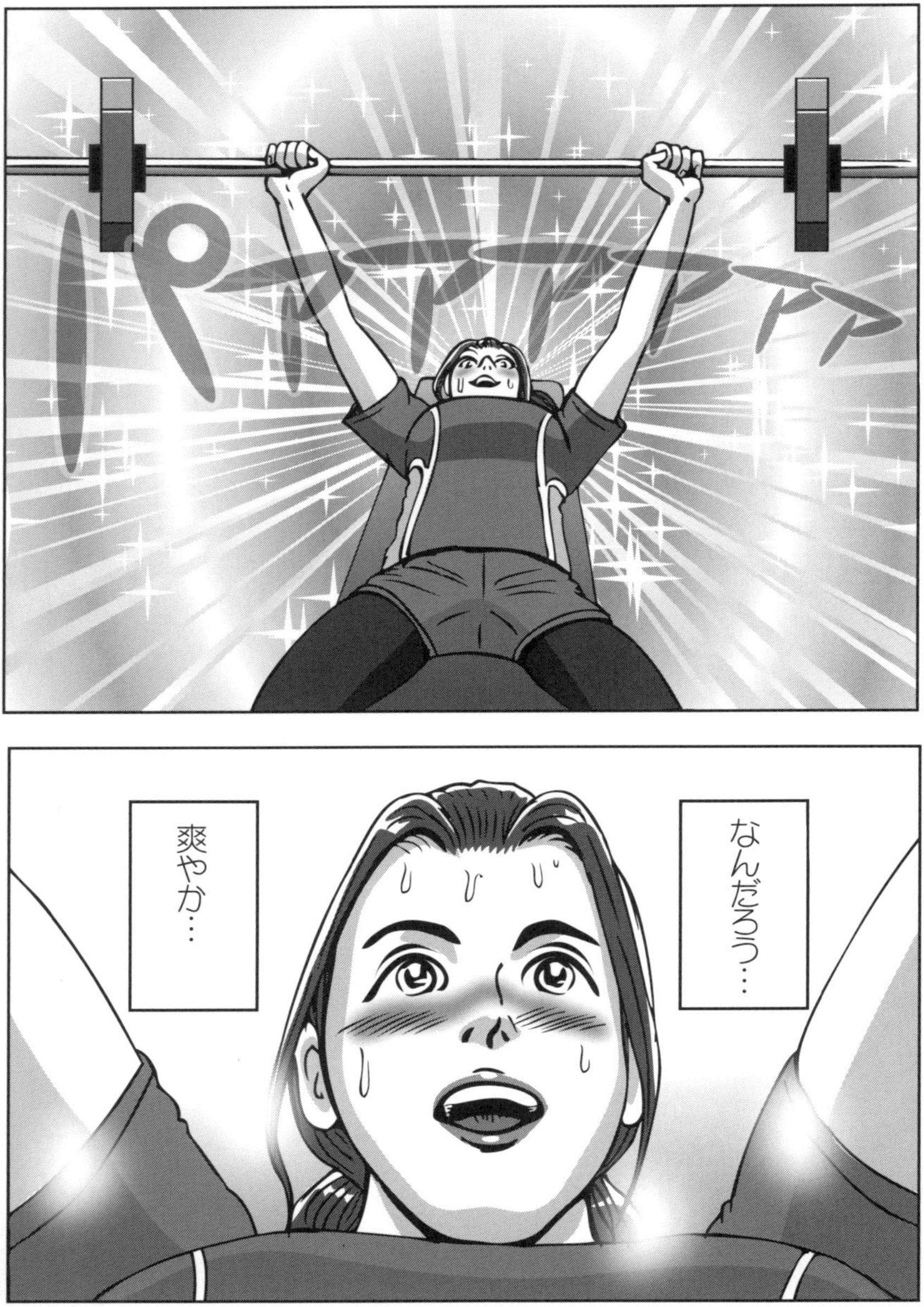
パァァァァァァ
なんだろう…
爽やか…

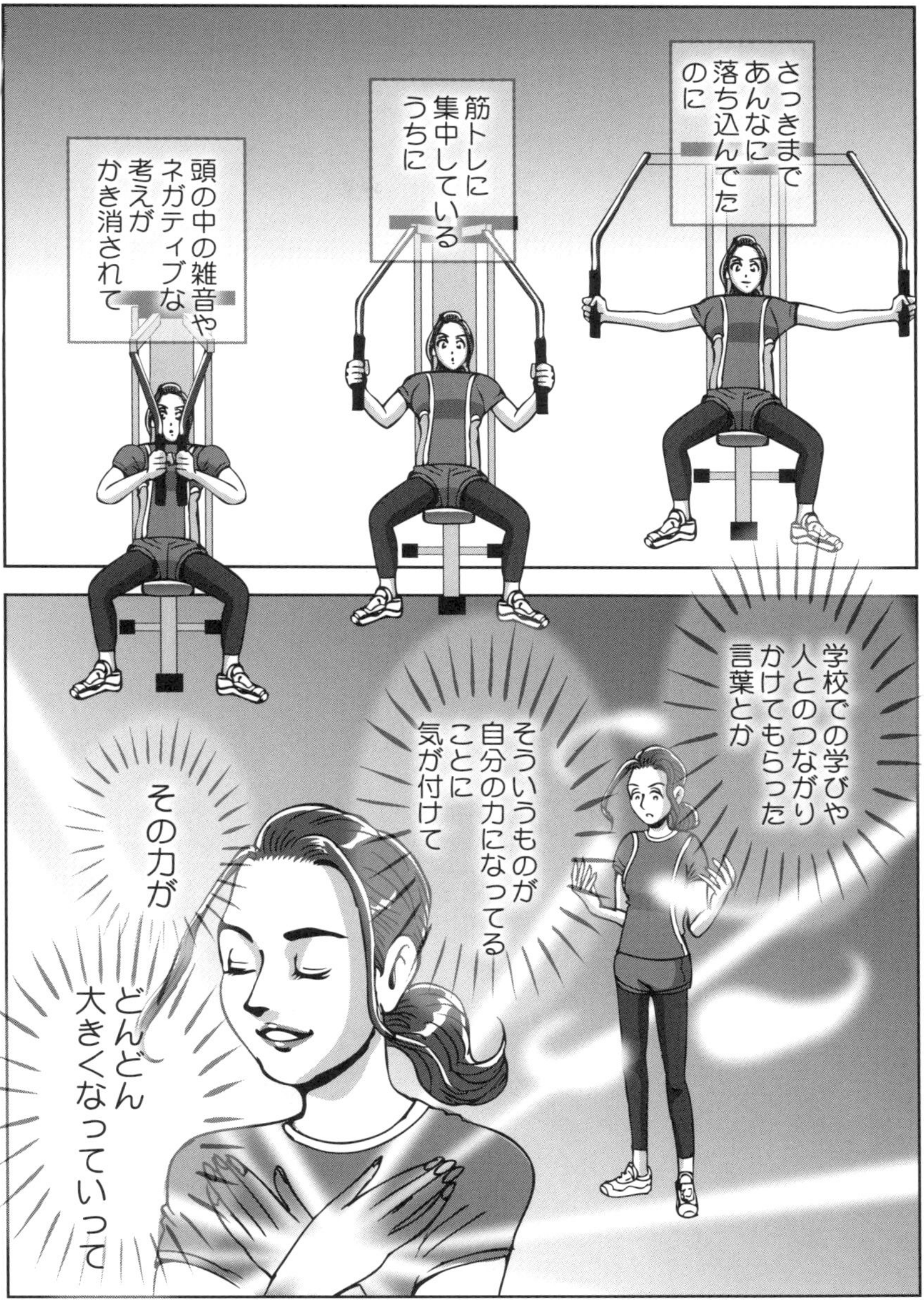
さっきまで
あんなに
落ち込んでた
のに
筋トレに
集中している
うちに
頭の中の雑音や
ネガティブな
考えが
かき消されて
学校での学びや
人とのつながり
かけてもらった
言葉とか
そういうものが
自分の力になってる
ことに
気が付けて
その力が
どんどん
大きくなっていって

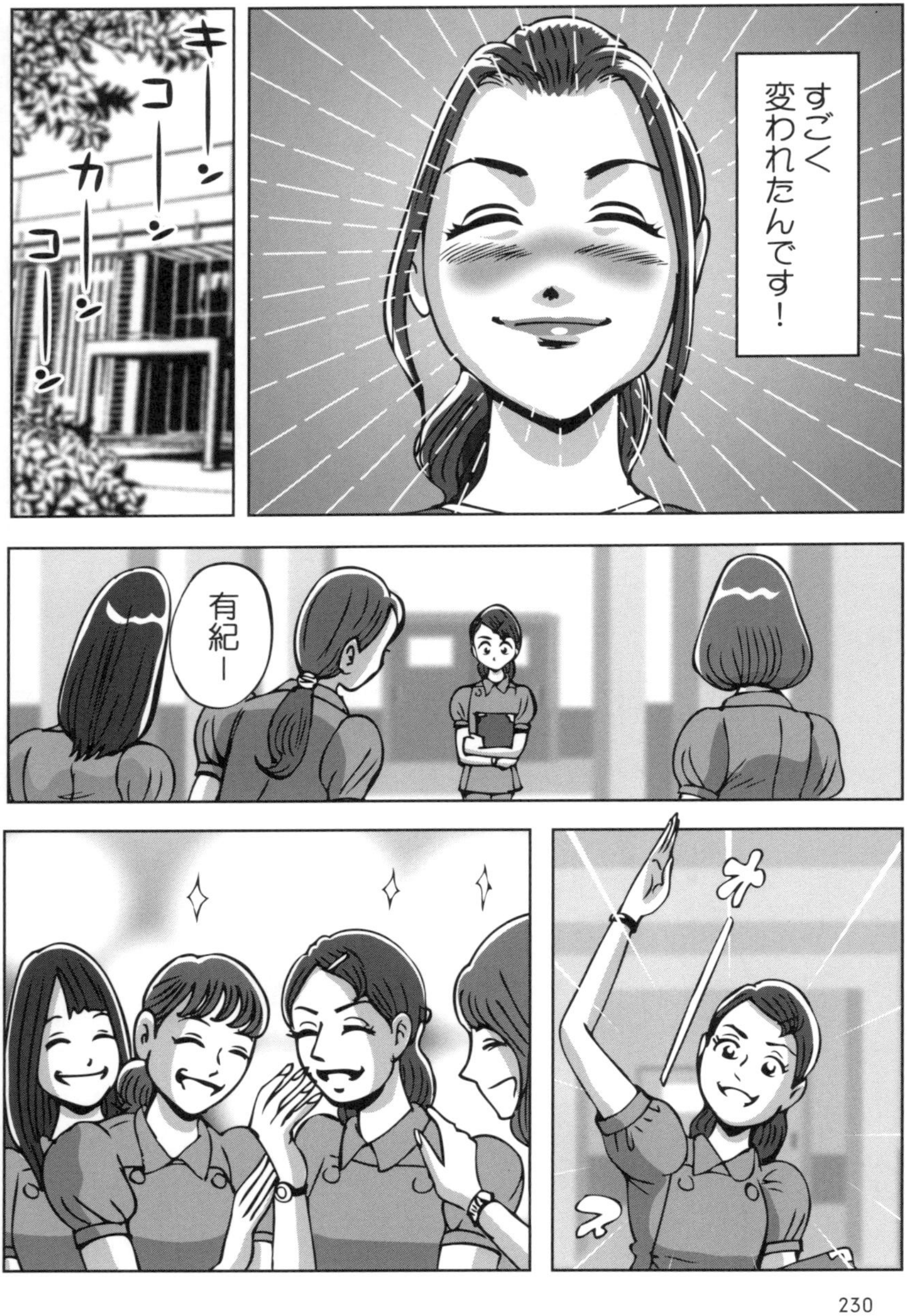
すごく
変われたんです！
キーンコーンカーンコーン
有紀ー

おわりに

筋トレをすれば何でも解決すると言い続けている僕でも、落ち込むことや気分が上がらないことはある。そんな時、力になるのがTwitterなどに寄せられる「筋トレは本当に最強のソリューションでした！ Testosteroneさんありがとう！」という言葉だ。僕の言葉をキッカケに筋トレを始め人生が好転したと言ってくれている人がいるのに、当の本人が落ち込んでいるわけにはいかない。筋トレにはこの本1冊では語り尽くせないぐらいの価値があるが、中でも一番の財産といっても過言ではないのが、筋トレを通して知り合える底なしにポジティブな仲間たちだろう。筋トレを始め、筋トレを語る人の表情はみんな明るい。そのポジティブなオーラに引っ張られるように、僕も元気を取り戻していく。筋トレがポジティブを呼び、ポジティブがポジティブを呼ぶのだ。僕はいつもそういった仲間たちに助けられてる。この場を借りて礼を言いたい。ありがとう。

僕の人生は筋トレによって変わった。そう確信できたのは筋トレを始めてから5、

6年後のことだ。毎日を必死に過ごし、ふと振り返ってみたらきっかけは筋トレだったんだな、と認識した。でも、実は筋トレの恩恵を感じるまでに、そんなに時間はかからない。筋トレが人生を変える仕組みさえ理解してしまえば、短期間で人生を変えることが可能なのだ。その証拠に、僕にメッセージをくれる人はみんな数か月から半年で人生がガラリと変わった、という。そして、この本では科学的エビデンスを提示してその仕組みを徹底的に解説した。さあ、次はあなたが人生を変える番だ。

僕の発言は大げさだ、と思う方が多いかもしれないが、最近はむしろ言い方が弱いんじゃないかとすら思い始めている。それぐらい、僕のTwitterにはたくさんのメッセージが届く。「彼女ができて転職も決まり、しかも役職も給与もUPしました！すべて筋トレのおかげです！」みたいな、おいおい順調すぎだろ俺より調子いいじゃねーか（笑）、みたいなメッセージがたくさん届くのだ。

筋トレで人生は必ず好転する。それはなぜか、ということを論理的に説明しているのが本書だ。筋トレの研究に真摯に取り組む久保君の力を借り、科学的エビデンスを踏まえた素晴らしい内容になったと思う。でも本音のところで言えば、筋トレの魅力は理屈なんかでは説明ができない。僕がしつこいぐらいに訴えている内容は、ジムに行き数か月間筋トレを継続し、筋肉の成長を実感すれば自ずとわかるはずである。というか、筋トレしなければ絶対にわからない。ということで、つべこべ言わず筋トレしてみてほしい。世界最高峰の知識があっても、それを使わなければ1円の価値もない。筋トレがどんなに素晴らしいかがわかっても、実際に筋トレしてみなければ何の意味もない。大げさではない。ここで行動に移すか移さないかであなたの人生が変わるか変わらないかが決まるのだ。本を置け。読書はもう十分だ。いっちょ体を動かすぞ。筋トレだ！　筋トレするぞ！

Testosterone

参考文献

[第1章]

O'Connor, P.J., Herring, M.P. and Carvalho, A. Mental health benefits of strength training in adults. Am J Lifestyle Med. 2010; 4(5), 377-396.

Tsutsumi T, Don BM, Zaichkowsky LD, Takenaka K, Oka K, Ohno T. Comparison of high and moderate intensity of strength training on mood and anxiety in older adults. Percept Mot Skills. 1998;87(3 Pt 1):1003-11.

Singh NA, Stavrinos TM, Scarbek Y, Galambos G, Liber C, Fiatarone singh MA. A randomized controlled trial of high versus low intensity weight training versus general practitioner care for clinical depression in older adults. J Gerontol A Biol Sci Med Sci. 2005;60(6):768-76.

Broocks A, Bandelow B, Pekrun G, et al. Comparison of aerobic exercise, clomipramine, and placebo in the treatment of panic disorder. Am J Psychiatry. 1998;155(5):603-9.

Ohira T, Schmitz KH, Ahmed RL, Yee D. Effects of weight training on quality of life in recent breast cancer survivors: the Weight Training for Breast Cancer Survivors (WTBS) study. Cancer. 2006;106(9):2076-83.

Häkkinen A, Häkkinen K, Hannonen P, Alen M. Strength training induced adaptations in neuromuscular function of premenopausal women with fibromyalgia: comparison with healthy women. Ann Rheum Dis. 2001;60(1):21-6.

Hayden JA, Van tulder MW, Tomlinson G. Systematic review: strategies for using exercise therapy to improve outcomes in chronic low back pain. Ann Intern Med. 2005;142(9):776-85.

Hayden JA, Van tulder MW, Malmivaara AV, Koes BW. Meta-analysis: exercise therapy for nonspecific low back pain. Ann Intern Med. 2005;142(9):765-75.

Hayden JA, Van tulder MW, Malmivaara A, Koes BW. Exercise therapy for treatment of non-specific low back pain. Cochrane Database Syst Rev. 2005;(3):CD000335.

[第2章]

日本加齢医学会 URL : http://www.anti-aging.gr.jp

Sayer AA, Syddall H, Martin H, Patel H, Baylis D, Cooper C. The developmental origins of sarcopenia. J Nutr Health Aging. 2008;12(7):427-32.

Lixandrão ME, Damas F, Chacon-mikahil MP, et al. Time Course of Resistance Training-Induced Muscle Hypertrophy in the Elderly. J Strength Cond Res. 2016;30(1):159-63.

Hinton PS, Nigh P, Thyfault J. Effectiveness of resistance training or jumping-exercise to increase bone mineral density in men with low bone mass: A 12-month randomized, clinical trial. Bone. 2015;79:203-12.

Colcombe S, Kramer AF. Fitness effects on the cognitive function of older adults: a meta-analytic study. Psychol Sci. 2003;14(2):125-30.

Busse AL, Gil G, Santarém JM, Jacob filho W. Physical activity and cognition in the elderly: A review. Dement Neuropsychol. 2009;3(3):204-208.

Langberg H, Rosendal L, Kjaer M. Training-induced changes in peritendinous type I collagen turnover determined by microdialysis in humans. J Physiol (Lond). 2001;534(Pt 1):297-302.

[第3章]

Crossley KL, Cornelissen PL, Tovée MJ. What is an attractive body? Using an interactive 3D program to create the ideal body for you and your partner. PLoS ONE. 2012;7(11):e50601.

Bloomquist K, Langberg H, Karlsen S, Madsgaard S, Boesen M, Raastad T. Effect of range of motion in heavy load squatting on muscle and tendon adaptations. Eur J Appl Physiol. 2013;113(8):2133-42.

Ciccolo JT, Santabarbara NJ, Dunsiger SI, Busch AM, Bartholomew JB. Muscular strength is associated with self-esteem in college men but not women. J Health Psychol. 2016;21(12):3072-3078.

http://www.businessinsider.com/exercise-routines-of-highly-successful-people-2016-4/#president-barack-obama-sweats-it-out-45-minutes-a-day-six-days-a-week-1

https://www.entrepreneur.com/article/276760

[第4章]

Facer-childs E, Brandstaetter R. The impact of circadian phenotype and time since awakening on diurnal performance in athletes. Curr Biol. 2015;25(4):518-22.

Lennemann LM, Sidrow KM, Johnson EM, Harrison CR, Vojta CN, Walker TB. The influence of agility training on physiological and cognitive performance. J Strength Cond Res. 2013;27(12):3300-9.

Mavros Y, Gates N, Wilson GC, et al. Mediation of Cognitive Function Improvements by Strength Gains After Resistance Training in Older Adults with Mild Cognitive Impairment: Outcomes of the Study of Mental and Resistance Training. J Am Geriatr Soc. 2017;65(3):550-559.

https://www.health.harvard.edu/press_releases/regular-exercise-releases-brain-chemicals-key-for-memory-concentration-and-mental-sharpness

http://www.afpbb.com/articles/-/2378515

[第5章]

Willis LH, Slentz CA, Bateman LA, et al. Effects of aerobic and/or resistance training on body mass and fat mass in overweight or obese adults. J Appl Physiol. 2012;113(12):1831-7.

Benito PJ, Alvarez-sánchez M, Díaz V, et al. Cardiovascular Fitness and Energy Expenditure Response during a Combined Aerobic and Circuit Weight Training Protocol. PLoS ONE. 2016;11(11):e0164349.

Donnelly JE, Blair SN, Jakicic JM, et al. American College of Sports Medicine Position Stand. Appropriate physical activity intervention strategies for weight loss and prevention of weight regain for adults. Med Sci Sports Exerc. 2009;41(2):459-71.

Vink RG, Roumans NJ, Arkenbosch LA, Mariman EC, Van baak MA. The effect of rate of weight loss on long-term weight regain in adults with overweight and obesity. Obesity (Silver Spring). 2016;24(2):321-7.

[第6章]

Stamatakis E, Lee IM, Bennie J, et al. Does strength promoting exercise confer unique health benefits? A pooled analysis of eleven population cohorts with all-cause, cancer, and cardiovascular mortality endpoints. Am J Epidemiol. 2017;

世界保健機関 Global recommendations on physical activity for health : http://www.who.int/dietphysicalactivity/factsheet_recommendations/en/

Ruiz JR, Sui X, Lobelo F, et al. Association between muscular strength and mortality in men: prospective cohort study. BMJ. 2008;337:a439.

Global bmi mortality collaboration, Di angelantonio E, Bhupathiraju ShN, et al. Body-mass index and all-cause mortality: individual-participant-data meta-analysis of 239 prospective studies in four continents. Lancet. 2016;388(10046):776-86.

Strasser B, Pesta D. Resistance training for diabetes prevention and therapy: experimental findings and molecular mechanisms. Biomed Res Int. 2013;2013:805217.

Eves ND, Plotnikoff RC. Resistance training and type 2 diabetes: Considerations for implementation at the population level. Diabetes Care. 2006;29(8):1933-41.

[第7章]

Morton SK, Whitehead JR, Brinkert RH, Caine DJ. Resistance training vs. static stretching: effects on flexibility and strength. J Strength Cond Res. 2011;25(12):3391-8.

Hart L. Effect of stretching on sport injury risk: a review. Clin J Sport Med. 2005;15(2):113.

Thacker SB, Gilchrist J, Stroup DF, Kimsey CD. The impact of stretching on sports injury risk: a systematic review of the literature. Med Sci Sports Exerc. 2004;36(3):371-8.

Lee JWY, Mok KM, Chan HCK, Yung PSH, Chan KM. Eccentric hamstring strength deficit and poor hamstring-to-quadriceps ratio are risk factors for hamstring strain injury in football: A prospective study of 146 professional players. J Sci Med Sport. 2017;

Hawley JA. Molecular responses to strength and endurance training: are they incompatible?. Appl Physiol Nutr Metab. 2009;34(3):355-61.

Meijer JP, Jaspers RT, Rittweger J, et al. Single muscle fibre contractile properties differ between body-builders, power athletes and control subjects. Exp Physiol. 2015;100(11):1331-41.

Pareja-blanco F, Rodríguez-rosell D, Sánchez-medina L, et al. Effects of velocity loss during resistance training on athletic performance, strength gains and muscle adaptations. Scand J Med Sci Sports. 2017;27(7):724-735.

Nieman DC, Pedersen BK. Exercise and immune function. Recent developments. Sports Med. 1999;27(2):73-80.

[第8章]

Velez A, Golem DL, Arent SM. The impact of a 12-week resistance training program on strength, body composition, and self-concept of Hispanic adolescents. J Strength Cond Res. 2010;24(4):1065-73.

Heiestad H, Rustaden AM, Bø K, Haakstad LA. Effect of Regular Resistance Training on Motivation, Self-Perceived Health, and Quality of Life in Previously Inactive Overweight Women: A Randomized, Controlled Trial. Biomed Res Int. 2016;2016:3815976.

Ericson H, Skoog T, Johansson M, Wåhlin-larsson B. Resistance training is linked to heightened positive motivational state and lower negative affect among healthy women aged 65-70. J Women Aging. 2017;:1-16.

Matthew Wagner, Ron E. McBride, Stephen F. Crouse. The Effects of Weight-Training Exercise on Aggression Variables in Adult Male Inmates. Prison J. 1999;

カバーイラスト
師岡とおる

マンガ
福島モンタ

本文イラスト
稲永明日香

㊋筋トレが最強の
ソリューションである
筋肉が人生を変える㊋科学的な理由

2018年5月2日　第1刷発行
2023年11月22日　第21刷発行

著者　Testosterone
久保孝史

装丁　金井久幸［TwoThree］
DTP　TwoThree
編集　臼杵秀之
発行者　山本周嗣
発行所　株式会社文響社
〒105-0001 東京都港区 虎ノ門 2-2-5 共同通信会館 9F
ホームページ　http://bunkyosha.com
お問い合わせ　info@bunkyosha.com

印刷・製本　中央精版印刷株式会社

 ISBNコード:978-4-86651-058-3　Printed in Japan
この本に関するご意見・ご感想をお寄せいただく場合は、郵送またはメール（info@bunkyosha.com）にてお送りください。